弁護士が語る
我が子の笑顔を守る
離婚マニュアル

～円満離婚のススメ～

白井可菜子

監修：武内優宏
（法律事務所アルシエン　弁護士）

啓文社書房

まえがき

近年、離婚率は増加し、昔に比べれば離婚は身近なものになってきています。しかし、それでもやはり、離婚というのは気が重いものです。特に、離婚届けさえ出せばそれだけで済むかというと、そんなことはなく、住民票を移動し、子どもの保険証を変え、学校の転校手続きをし、児童手当の受給口座を変更し…と、やることは山積みです。さらに、今後の生活への不安も相まって、混乱し、不安を募らせてしまっている方も多いのではないでしょうか。

不安が募り、頭が整理できない状況になってしまうと、冷静な話し合いは難しいです。こんな中で話し合いをすると、ついつい相手へも攻撃的になってしまい、罵り合いに発展し、関係が泥沼化しがちです。子育ては長期戦。離婚により子どもと離れてしまう元パートナーに、幼い子どもが大人になるまで、親としての自覚を持ち続け行動してもらうためには、憎しみを募らせ罵り合って離婚することは避けた方が良いです。それが、ひいては確実な養育費等の支払いや、子どもの健やかな成長に繋がります。

そのため、本書で私がオススメしているのが、「円満離婚」です。円満といっても、仲よくしろ、という訳ではありません。そもそも、離婚をする夫婦が、仲良しの友達に戻るなんて現実的ではありませんよね。円満離婚のポイントは、相手と必要以上にいがみ合わず、罵り合い等を避け、離婚することです。

とはいえ、多くの人にとって離婚は初めての経験。不安を募らせてしまうのも無理はありません。そのため、本書では、冷静な話し合いを阻害する一番の原因である、「不安」を解消すべく、離婚に関する基本的な情報、実務上の取り扱い、陥りやすい失敗例などを紹介していきます。正確な情報を知っていれば、怖くありません。

この本を読んで、少しでも不安が軽くなり、前向きな気持ちで離婚に臨めるよう、そんな手助けができれば幸いです。

最後に、この本を執筆するにあたって大変なご協力をいただきました、啓文社ご担当者様、家族に、この場を借りて、心より感謝申し上げます。

弁護士　白井 可菜子

第一章

はじめに～自己紹介に代えて～

一．私が本書を書こうと思った理由

本編に入る前に、自己紹介に替えて、なぜ私がこういった本を書こうと思ったのか、ご紹介させていただきたいと思います。

私は、幼い頃に両親の離婚を経験しています。幼い頃と言っても、実際に両親が離婚したのが私が幼い頃だったというだけで、その事実を知らされたのは、私が二十歳頃になってからでした。細かいことは後述しますが、私は十年以上もの間、実際には離婚している自分の両親について、仲の良いごく普通の夫婦だとばかり思っていたのです。しかし、その勘違いのおかげで、大きな悩みもなく、子どもの特権をフル活用、能天気な子ども時代を過ごすことができました。しかし、弁護士になり離婚事件を扱う中で見た現実は、私のケースとは全く異なるものでした。相談に来る方の多くは、感情的になってしまい、子どもの気持ちを考える余裕がなくなってしまっています。そんなことから、私は「幸せな離婚を作る手伝いをしたい」と思い、離婚事件を多く扱うようになりました。

そもそも、離婚による一番の被害者は、妻でも夫でもなく、子どもです。親は自分の選んだ人と結婚し、自分の選択で離婚をするわけなので、自己責任と言ってしまえばそれまでです。もちろん相手がひどい人だったという場合もありますが、相手に責任があるのであれば、離婚慰謝料を請求すれば多少なりとも被害は回復はされるでしょう。それに、もとを正せば、そんな相手を選んだのも自分です。でも、子どもは親を選べません。子どもが、親に対して損害賠償請求をするといったような話も、ほとんど聞いたことがありません。親の離婚という事態に臨んだとき、子どもは、親に心配をかけまいと、表向きには「離婚しても別に平気」「今時親の離婚くらいなんともないよ」「あんな親ならさっさと離婚すればいいじゃん」などと言って必死に強がります。でも、本当は「離婚なんてしてほしくない！」と思っている子がほとんどです。とても悲しみ、寂しい思いをして、親に隠れて涙を流していることも多いです。そんな子ども達を思うと、やはり、離婚の一番の被害者は子どもだな、といつも思います。どんなお母さんもどんなお父さんも、「この離婚で子どもを不幸にしたくない」とは思っているはずです。しかし、離婚というと、慰謝料や養育費、財産分与などで〝どうやって相手からたくさんお金を取るか〟というところばかりがフォーカスされ、子どもの幸せを守る離婚の方法という視点は、あまり意識されていないのではないかと思います。

今は三組に一組が離婚すると言われているような時代です。そのため、離婚に関するハウトゥー（How To）本がたくさん出回り、インターネットや雑誌でもしばしば特集が組まれます。ただ、これらを見ると〝どうやって相手を出し抜くか〟〝より多くのお金を取ってやるか〟という面が前面に取り上げられてしまっていて、まるで離婚が戦いであるかのように捉えられているものが多いです。離婚に巻き込まれる子どもの気持ちに配慮した本というのは、あまりないのではないでしょうか。

離婚するとき、親の一番の心配ごとは我が子のことです。だからこそ、我が子のために、将来この子が不自由しないようにと、より多くのお金を相手から取ろうとします。しかし、「子どもの幸せを守る」ことを考えたとき、相手と敵対するというのは必ずしも得策ではありません。子育ては長期戦なので、その時に相手に勝っても、後々必ず困ることが出てきます。それらをうまく回避して子どもへの悪影響を最小限にしたいと思うのであれば、絶対に円満に離婚するべきです。円満離婚することで、将来子どもが大人になった時に、一人で頑張ってここまで育ててきたお母さんも親権がなくなってしまったお父さんも「お母さんの子どもで良かった」「お父さんの子どもで良かった」「我が家は幸せだった」と心から言ってもらえるような、離婚しても幸せな親子関係をたくさんの方に築いてほしいと考え、私は本書を書こうと思いました。

二．我が家の離婚のかたち

私がこのように考えるようになった経緯は、さきほど軽く触れた、私自身の両親の離婚という経験に大きく関係があります。私の両親は離婚しており、小さい頃から母の実家で母と祖父母と暮らしていました。どうやら私が保育園の年長さんくらいか、遅くとも小学校の低学年の頃には離婚していたようですが、正確な時期は不明です。戸籍を確認すればわかるのでしょうが、特に興味もないため確認していません。

私は、「両親の離婚」など、母から話しをされた二十歳ごろまで、考えたこともありませんでした。後から聞いたところによると、両親は、離婚の時に、私が大人になるまで秘密にするという約束をしていたようです。それは当時、保育士として働いていた母が、職務上たくさんの子どもを見てくる中で、両親の離婚が、子どもの心身の発育に悪影響を及ぼしてしまうケースが少なからずあることを知っており、そうした悪影響を子どもに与えないように配慮する最良の方法としては「知らせない」ということが一番いいのではないかと考えたからのようです。また、父が婿養子だったことから、離婚後も母と私の姓が変わらなかったこともあり、離婚の事実に気付きにくい環境でした。

父はといえば、離婚した以上家にいないのですが、ずっと単身赴任なんだと聞かされていました。単身赴任とは言っていても、月に一回は、父は家に帰ってきます。母方の祖父母とも一緒に、年に一回は家族旅行へ行きました。もちろん、母と私と同じ部屋で寝ていることもありました。何室か寝室があるところに泊まった時には、母と私が同じ部屋で寝て、父は別の部屋で寝ていましたが、父はふざけて「一緒に寝ようよ」などと言って部屋に入ってきたりして、私が「お父さん、いびきがうるさいからやだー」なんて言って追い出したり、そんなことを無邪気にしていましたが、そんなこんなで普通に夫婦仲は良さそうでした。

このような状態だったので、私は両親の離婚に全く気付かずに生活をしており、のん気に屈託のない子ども時代を謳歌していました。むしろ、親が離婚した友達もおり、そういう子たちに対して、大変失礼なことですが「かわいそうだな、うちは違ってよかったな」なんて思っていたような時期もありました。

親としては、大人になって二十歳ぐらいになれば、離婚も理解してくれるだろう、ショックも小さいだろうと考え、それまで待ってから離婚の事実を打ち明けたのだと思います。この両親の選択には、今でも本当に感謝しています。しかし、成長した後とはいえ、両親の離婚を知らされた私のショックは、なかなかのものでした。

あれは二十歳頃、母と外食に行ったときのことでした。「あのさぁ、もしかしたらもう気づいてるかなと思ってるんだけど」と切り出され、「実はお父さんとお母さんは離婚してるんだよ」と言われました。私は気づいていないどころか、それまで両親の離婚など疑ったことすらなく、本当に本当に、びっくりしました。

今思えば、気付くべきポイントはたくさんあったと思います。例えば、母がある時期から父の実家へ行かなくなりました。両親は中学、高校の同級生だったため、両方の実家は近くにあり、当時の私の足でも歩いて一〇分ぐらいのところに父方の実家がありました。そのため、かっては母も一緒に父の実家へよく遊びに行っていました。しかし、ある時からパタリと母は行かなくなり、私と父と二人で行く、もしくは母は遅れてきてお迎えだけ来るというような状態になりました。「忙しいから」などと言われていましたが、その奥にある理由にまで私の意識が向かうことはありませんでした。また、父と二人での旅行も増えました。さらに、父の旧姓宛での郵便物が我が家に届くようになりました。しかし私は、「父の姓が旧姓に戻った」とは考えず、逆に「なんでお父さんの結婚前の名前で届くのかな、お父さん変更届出し忘れちゃったのかな」なんて思っていました。また、私のために、父が母へ渡すお金に関する話し合いがされていたこともありました。私が例えば「ピアノを習いたい」「ダンス習いたい」と言うと、母と父が話し合って、月々お金をいくら渡すかみたいな話をしていたのです。今思うとそれは養育費の話しだったのだろうと思います。

このように、今思えば、確かに気付けるポイントはたくさんあったと思います。しかし、私は全く気づいておらず、今になってこんなところで、子どもは本当に親を疑わないんだな、ということを改めて実感しました。

その後は、寂しい気持ちもありましたが、母に心配させまいと「全然大丈夫」と気丈に振舞いました。このように、二十歳になった大人でも同居親へは気を遣い、本心を言わないのですから、幼い子どもであれば、その傾向はより強いでしょう。離婚を考えている親には、このことだけは忘れないで欲しいです。

三．実務に出て多く目にした離婚のかたち

母からの離婚についての告白から数年がたち、両親の離婚についての悲しみもなくなりました。そして、この仕事を始めるまでは、「大人になるまで言わないなんて、うちの親も面白い

ことを考え付いたな、感謝、感謝。」というくらいにしか思っていませんでした。しかし、弁護士となり目にしてきた離婚のかたちというのは、それとは大きく異なるものばかりでした。そもそも、子どもの幸せに配慮できるほど円満に離婚してる夫婦が少ないです。もちろん、私が仕事で目にするケースは、法律事務所に相談に来ている方たちなので、こじれにこじれたケースが多いという理由もあるとは思いますが、みなさん感情的になってしまっていて「子どもが一番」と言いながらも、第三者から見ると、子どもの気持ちなんて考える余裕はなくなっているように見えました。その時の一番の被害者は子どもです。

子どもは親の顔色をうかがう天才です。一説によると、子どもの親への愛情は親の子への愛情よりも強いと言われているそうです。また、子どもの心の発達のためには、子どもは時代には子どもらしく、わがままを言うということも大事です。それなのに、親の顔色をうかがってわがままさえ言えない、それが心の健全な発育のために障害となってしまうのは、悲しいことです。

私のところに相談に来られる方の多くは「子どもは私の意見に賛成してくれている」と考えています。「子どもが離婚すればと言ってくれたので、背中を押されて離婚を決意しました」

とか「子どもも、あんな親いない方がいいって言ってくれてるんで」とおっしゃいます。しかし、それは本当にその子の本心なのか、親の顔色を窺い、そう言っているのではないか、と考えざるをえません。

子どもにとっては、同居親が自分の世界の全てであり、同居親の嫌がることはできません。例えば、親が子どもに対して、愚痴のような形で相手の親の悪口を言ってしまっていたり、罵り合いの現場に子どもを立ち会わせてしまったりなど、両親は仲が悪いと分かった状態で片方の親に引き取られ生活を始めたら、子どもは他方の親を悪く言わざるをえません。

もう少し具体的な事例を紹介すると、離婚し子どもと別居する父親から面会交流の交渉の依頼を受け、子どもと同居する母親に対して「お子さんに会わせてください」と申し入れ交渉を行うことがあります。そうすると、母親からは、「自分は会わせてもいいが、子どもが会いたくないと言っている」「もう年も年だし、部活もあるし、友達と遊んでる方が楽しいと言うので、それを無理やり連れてくわけにはいかない。そのぐらい理解してほしい」などと言われ「子どもの意志」を理由にして断られることが多いです。しかし、「そうは言っても、一緒に住むお母さんに気を遣ってそう言ってくれてるだけかもしれないから、試しに一回、少し無理をしてでも機会を設けて会わせてみましょう。もし部活が忙しいから会えないということなら、直接お子さんからお父さんにその旨話をしてもらいましょう。そうすれば、お父さんも納得するでしょう」などと提案して、少し強引にでも、面会交流を実施したりすることがあります。そうすると、お父さんと二人きりになったところで、子どもが「会いたいって言ったらお母さんの機嫌が悪くなるから言えなかった。」と告白する、といったようなパターンは意外と多いのです。ですから、自分の思っていた通りの意見を子どもが言ったからといって、そのまま信じ込むのは避けるべきだと思います。

もう一つ事例を紹介すると、別居する父親の話を全くしない、そんな子どもの状態を見て、父親から面会交流を求められたある母親が、「この子は離婚したときに二歳でまだ小さかったから、パパの記憶がないらしくって。このまま会わせなかったらあの子の中でパパという存在が消せるのではないかと思っています。いるけど会えないより、いない方がいいじゃないですか。だから会わせるのには反対です。」とおっしゃっていたことがありました。お母さんとしては、子の気持ちを第一に考えた選択をしたつもりでしょう。しかし、たとえ二歳の子どもでも、お父さんが家からいなくなったら、お父さんの話題を口に出さなくなります。「パパどうしたの」と言うとお母さんが困った顔をするので、だんだんと「パパ」と言わなくなります。また子どもにも幼いながらも記憶はありますし、周りを見れば友達には「お父さん」がいるのですから、「何で自分にはいないのかな」と疑問に思うのは当然です。子どもの頭の中はそんなに幼稚で簡単ではないのです。

このように、子どもの考えや気持ちに配慮できなくなってしまう原因は、離婚する親自身が、漠然とした不安感からくる焦り、いら立ちから、余裕がなくなってしまっていることにあります。特に攻撃的になる方々は多く、こじれにこじれてくると、依頼者の味方であるはずの弁護士まで敵に見えるときもあるようです。

弁護士である以上、私はもちろん依頼者の最大の味方です。しかし同時に、依頼者だけではなく子どもの味方でもありたいと考えています。もちろん、依頼者の方が自分なりに子どものことを第一に考えているのはとてもよく伝わってきます。しかし当事者の立場で、状況を冷静に捉えるのはとても難しいのです。また、依頼者が攻撃的になって「相手からいっぱいお金を取ってやろう」という気持ちになっているのも、結局は「子どもに不自由はさせたくない、そのためにはやっぱりお金がいるから、少しでも有利な条件で離婚したい。自分が頑張って有利な条件で離婚しないと、子どもが不幸になってしまう。」と気負ってしまっているからでしょう。「子どものために」という根本の部分は誰しも同じです。

しかし、それが空回りして子どもに対してストレスを与えては、元も子もありません。そこをうまく解消して、いい方向に進んでいって欲しいというような思いをこめて、本書を書きました。

親が不安や焦りを抱えてしまう一番の原因は、「情報不足」だと思います。この先どうなるのか、何を決めて、何をしなければならないのか、分からないことが一番不安をあおります。そのため、本書では、はじめに、親権、養育費、財産分与、面会交流など離婚にあたって問題となりうるものについて、法律上の取り扱いや、裁判所上での一般的な運用を網羅的に解説しています。そして、それぞれについて、子どもの幸せを守るという視点から、ありがちな失敗例や成功例を交えながら解説しています。子どものいる親御さんが離婚を考えたときに、この本を読んで、少しでも不安が解消され前向きな気持ちになっていただければ幸いです。

第二章

離婚の基礎知識

～知っていれば、怖くない！～

この章では、まず、離婚にあたり法律上問題となるのはどのような点で、それらが一般的にはどう考えられているのか、どういう処理となる傾向が高いのか、というところを知ってもらおうと思います。

一・世の中の離婚率

初めに、離婚等に関する現状について見ていきましょう。

現在、日本の離婚率は約三五％程度を推移しています（厚生労働省ホームページ）。直近三年間を見ると、それぞれ多少数字の変化はありますが、一年間に離婚する夫婦の数は、一年間に結婚するカップルの約三分の一程度ですから、だいたい「三組に一組が離婚する」という計算になります。

これは一日にするとすごい数で、例えば平成二十八年でいえば、一年間で離婚した夫婦は二十一万七〇〇〇組ですから、一日に約五九五組、一時間に二十四組が離婚していることになります。

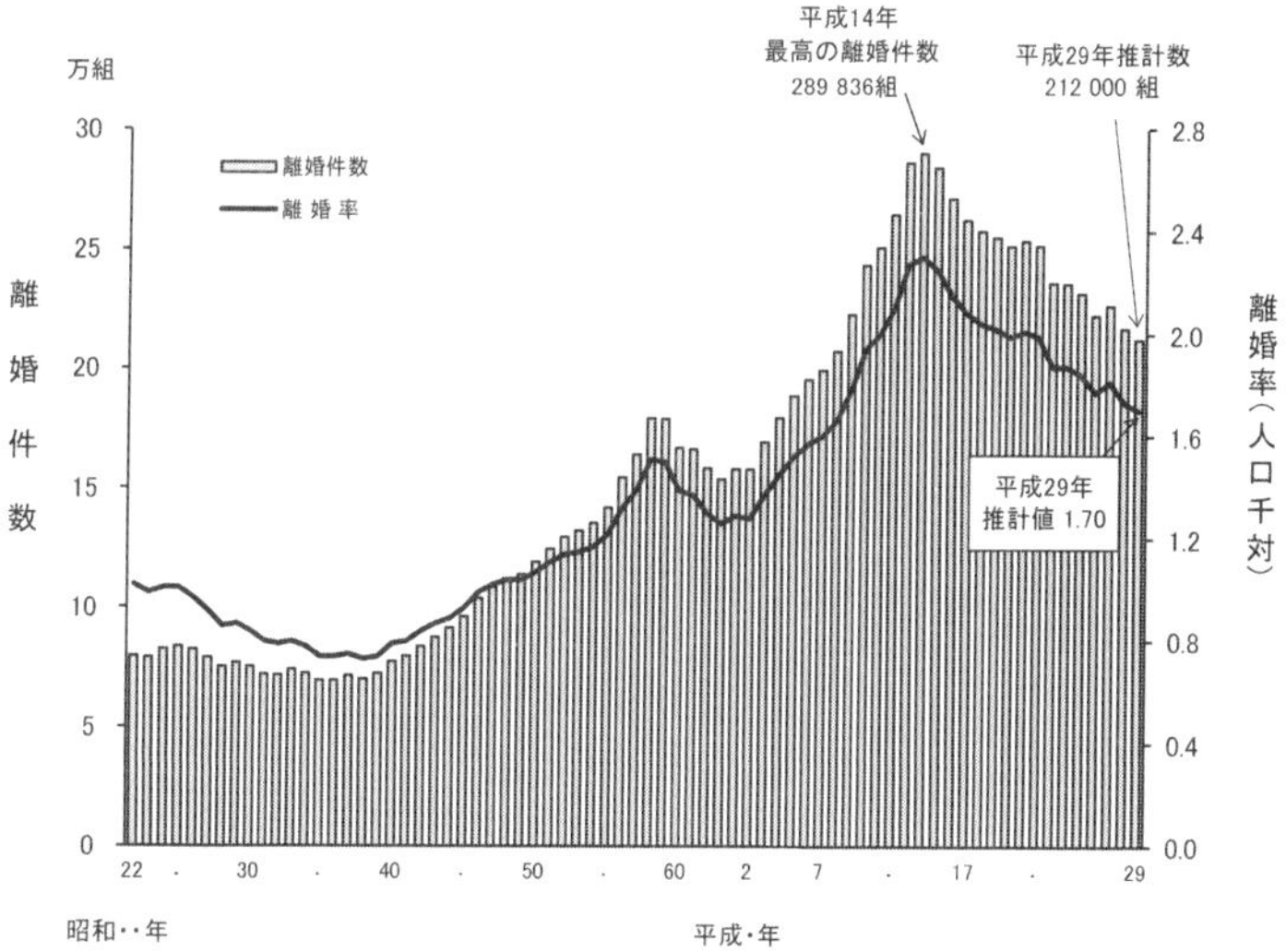

離婚件数及び離婚率の年次推移
(厚生労働省・平成 29 年 (2017) 人口動態統計の年間推計より)

●コラム

〈離婚件数ってそんなに増えているの？〉

最近、〝離婚がすごく増えている〟と言われます。しかし、離婚している夫婦の組数自体は、急激な増加と言えるほどには増えてはいないのです。では何が増えているのかと言うと、婚姻件数と比較した際の、離婚率です。

昭和四十五年ごろ、年間の婚姻件数は最大で一一〇万件程度まで増加しました。他方、この頃の離婚件数は、年間一〇万件ほど。そのため、婚姻件数に比較した離婚率は、九％程度だったのです。

これと比べ、平成二十八年の婚姻件数は、年間六二万件程度です。もちろん、同様に出生率も低

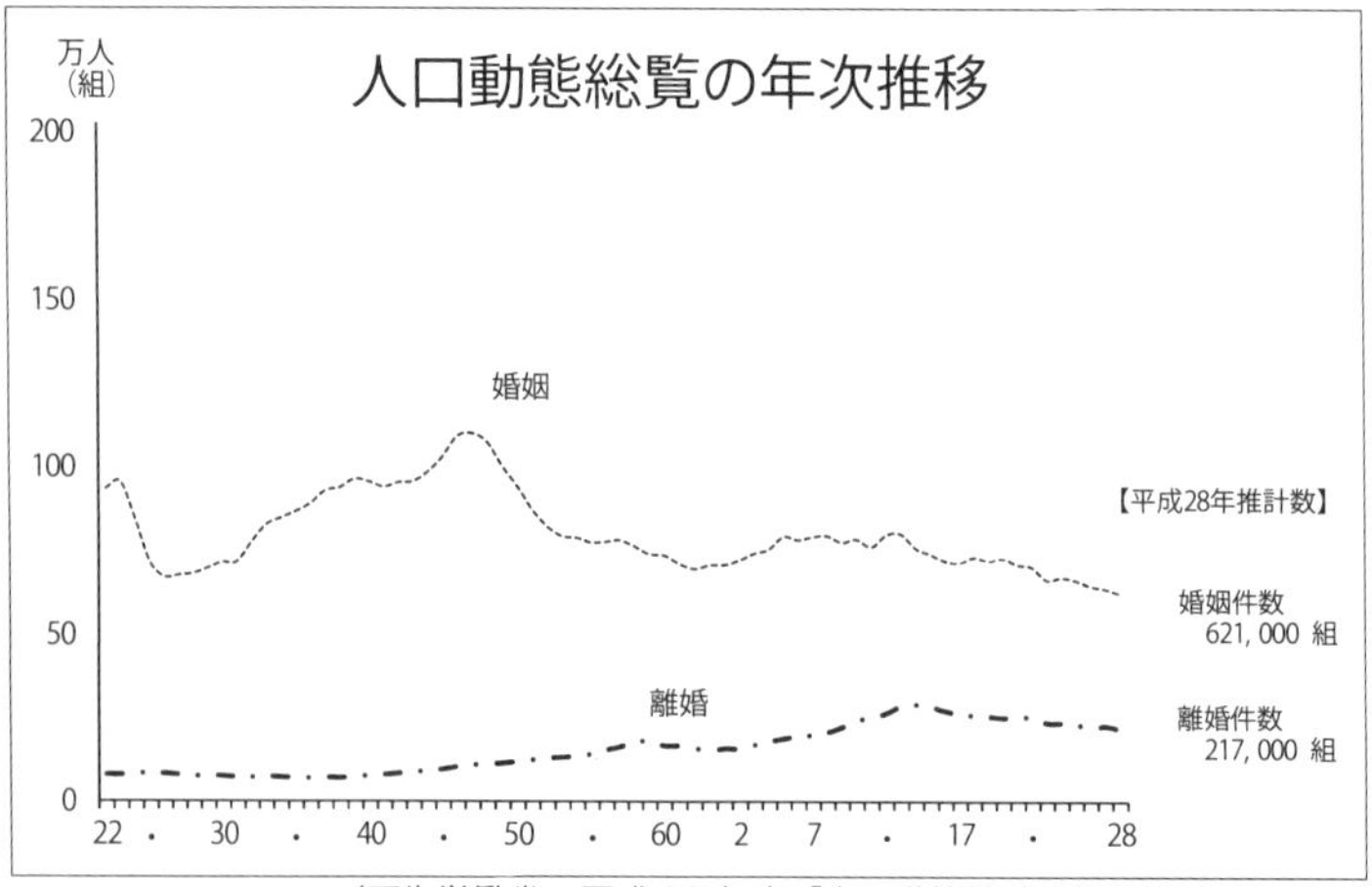

（厚生労働省・平成 28 年度「人口動態統計の年間推計」より）

下し続けているため、純粋に婚姻率が減ったとはいえませんが、件数だけを昭和四十五年頃と比べると、約四〇万件以上の減少です。他方、平成二十八年の離婚件数は二一万七〇〇〇件であるため、婚姻件数に比較した離婚率は、約三五%。

この、婚姻件数と比較した離婚率が、九%から三五%に増加しているという面をとらえると、離婚率は急激に増加していると言えます。とはいえ、単純な離婚件数だけを見てもこの五十年で倍以上になっている以上、やはり増加傾向にあることは間違いないようです。

二　離婚をするための方法

次に、「離婚」をするための手続き、方法について、確認していきましょう。単に離婚することだけを考えた場合、その方法は四つしかありません。この四つとは、本人同士での話合いになる①**協議離婚**。裁判所で話し合う②**調停離婚**。裁判所に決めてもらう③**審判**と④**訴訟**による離婚です。

①協議離婚

離婚において一番多いケースは、離婚することも、それにまつわる諸条件も、全て本人同士で話し合って決めるというパターンです。この、裁判所の手を全く借りずに、本人同士での話合いによって、離婚について合意し離婚する場合を「協議離婚」といいます。可能であれば、ここですべて決まるのがベストです。お金も時間もかかりませんし、何より他の三つに比べ、精神的負担が大きくならずに済む事が多いからです。そのため、まずは話合いで合意できないか、試みて下さい。

その際に決めなくてはならないことは、第五章の〈一．これだけは決めておきたい八つのこと〉（138ページ〜）に詳しく記載したので、そちらをご参照ください。

離婚について合意できたら、あとは離婚届を書いて市区町村役場へ持っていくだけです。

②調停

本人同士で話していても、どうしても冷静な話合いができない、合意できない、という場合、次に進むのが裁判所での調停です。調停は、当事者の話合いにより合意を目指す手続きなので、訴訟での判決のように、どちらかの意見に反して裁判所が結論を決めることはありません。

離婚については「調停前置主義」という立場が採られているため、離婚訴訟を提起するためには、その前に調停を経なければなりません。そして、調停でもうまくいかなかった場合に、はじめて離婚訴訟が提起できます。

これは、〝離婚〟という家族間の問題については、裁判所が最終的に結論を決める「訴訟」の前に、「調停」の手続きの中で当事者の話合いによる解決を目指すべきであるという考え方に基づくものです。

なお、離婚したい場合に起こす調停をよく「離婚調停」と言いますが、正式名称は「夫婦関係調整調停」といいます。この調停は、申立人側が離婚に向けた調整を求めるのか、夫婦関係の円満に向けた調整を求めるのかによって、「夫婦関係調整調停（離婚）」と「夫婦関係調整調停（円満）」に分かれます。

そして、この「夫婦関係調整調停（離婚）」を、一般的には離婚調停と呼んでいます。離婚調停の中では、離婚のみならず、離婚にまつわる親権、養育費、財産分与などの問題を、一緒に話し合うことができます。

離婚調停は、もちろん自分でやることもできますが、弁護士に依頼をする人も多いです。その費用は、日弁連平均で、着手金が二十～三十万円、無事に離婚ができたた場合の成功報酬として二十～三十万円程度であるため、これだけでも大きな負担になってしまいます。

また、期間も一週間や二週間で終わるものではなく、数か月から、長いと一年以上かかってしまいます。この中でも多いのは、三カ月から六カ月といわれています（平成二十七年度司法統計より）。

調停は、申立てをすればすぐに進むというものではありません。通常、第一回目の期日が入るまでには、申立てから一カ月以上を要します。その先も、一カ月（裁判所が混んでいれば、それ以上の期間）に一回程度のペースでしか進みません。

期日に話合いをしたとしても、すぐには合意とならず、「じゃあ一カ月後また検討しましょうか」となり、期日間にお互いにどこまで譲歩できるかと検討して、次の期日を迎え、またお互いにいろいろ話をして、持ち帰って検討して…と繰り返します。そのため、どうしても時間がかかってしまうのです。しかも、離婚調停の場合には、基本的には弁護士だけではなく、本人にも同席してもらいます。そのため、ご本人も、一カ月に一回程度、仕事を休んで裁判所へ行き、二時間ぐらい嫌な思いをする、ということが必要になります。制度上やむを得ないとはいえ、精神的な負担は大きいものです。

さらにいえば、調停は、結局は話合いの場です。当事者だけで話合いをしてもうまくいかないような場合に、公平な第三者として裁判所が入り、そこを介して話合いをしましょうというのが調停の建前ですので、合意できなければ「不調」となり、調停手続内での解決は断念せざるを得ません。

このような点からも、なんでも裁判所へ持ち込むのではなく、当事者間の話合いで解決できればそれがベターです。ちなみに、厚生労働省調査結果を見ても分かるとおり、九割以上が協議離婚です。

離婚の種類別構成割合の年次推移　-昭和25～平成20年-

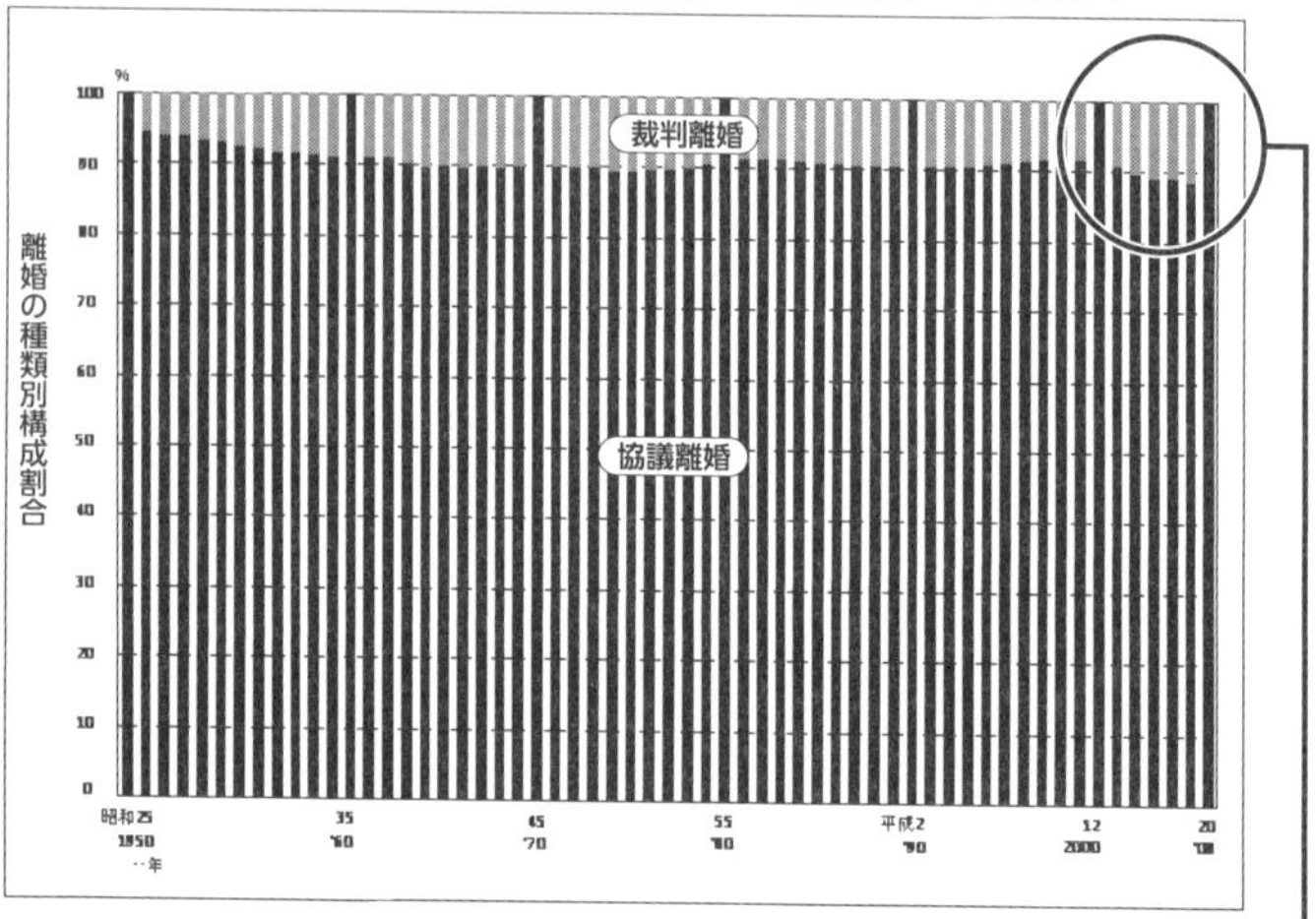

裁判離婚の種類別構成割合の年次推移 1)　-平成16～20年-

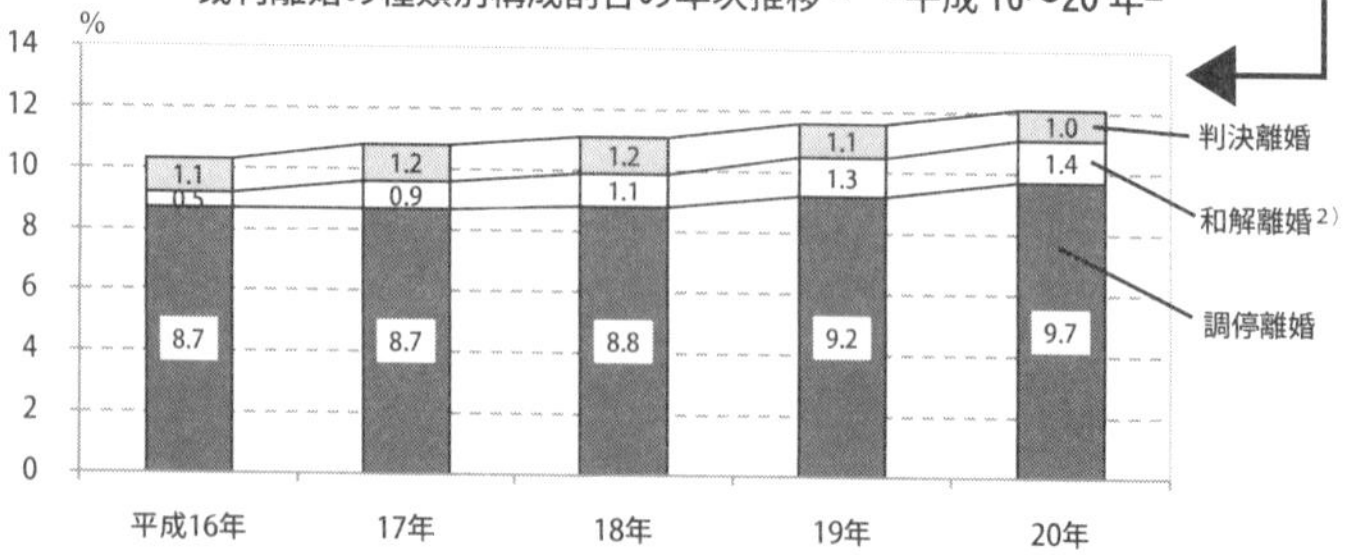

注：1）審判離婚と認諾離婚は割合が少ないため表示されていない。
2）平成16年の和解離婚は4月からの数値である。

（厚生労働省・平成 21 年度「離婚に関する統計」の概況より）

その他の調停

離婚にあたって決めなくてはならないことはたくさんありますが、離婚自体は、それらを決めなくても、離婚届さえ出せばできてしまいます（ただし、子どもがいる場合には、親権者を決めないとできません）。

そのため、離婚はしたけど、養育費、財産分与、慰謝料など離婚にまつわる問題が決まっておらず、当事者間での話合いもまとまらない、という場合もあります。

離婚前であれば離婚調停を申立ててその中で話し合うのですが、離婚後にこれらの問題について裁判所での調整を求める場合には、離婚調停ではなく、別の類型の調停や訴訟を提起する必要があります。具体的には、養育費については養育費請求調停、財産分与については財産分与請求調停を申立て、慰謝料については慰謝料請求訴訟を提起し請求することになります。

また、離婚はしないけれども、婚姻費用を払ってくれないからそれを請求したい、というような場合には、婚姻費用分担請求調停を申立てることができます。

このように離婚後は、求める内容により使用する調停、訴訟が違うので、混乱しないよう注意しましょう。

③審判

調停内で話がまとまらなかった場合、調停は「不調」になり終了するか、または「審判」に移行します。審判は、話合いにより合意を目指す調停と異なり、裁判官が双方の意見を聞きながら、最終的な判断を下します。とはいえ、離婚については、審判で決めてもらえるケースがほとんどありません。例えば、離婚について双方の意思は固まっているのに細かな点について争いがあり、合意できないとか、極度のＤＶがある等、明らかな離婚事由がありしかも離婚に至急を要するといった場合など、裁判官が「この夫婦はどう考えても早く離婚した方がいいだろう」とまで思えば離婚の審判がされると、いうようなイメージです。このようにあくまでもレアケースであり、離婚の審判はまず出ません。特に、審判は当事者から異議を出し再度の審理を求めることができるため、そうであれば、無理に審判とするのではなく訴訟としたほうがいい、という判断もあるのでしょう。そのため、離婚については、調停で話がまとまらなければ、調停を「不調」などとして終わらせ、離婚訴訟を提起することとなります。

他方、婚姻費用、養育費や財産分与は、審判で決まることも多いです。審判の内容に不服がある場合には、「即時抗告」という不服申立てを行い、再度の審理を求めることができます。この再度の審理は、家庭裁判所ではなく、高等裁判所で行われることになります。審理の期間は、調停と合計すると、どんなに早くても三カ月、長いと一年～二年かかるようなこともあります。しかも、この三カ月程度で決まるケースというのは婚姻費用や養育費など、裁判所における相場がきちんとあるものであって、それ以外の類型では、こんなに短い期間で決まることはなかなかありません。

そのため、裁判所の手続きを利用するとなると、金銭的な負担ももちろんですが、離婚できない、宙ぶらりんの状態が長く続いてしまい、新しい一歩をなかなか踏み出すことができません。また、自身について裁判所での手続きが継続しているということは、それだけで大きな精神的負担です。そのため、できればこうなるより前に話合いで解決できるのが理想です。

④訴訟

どうしても話合いがまとまらない場合、最後の手段は離婚訴訟です。「訴訟」ですから、最終的には裁判官が判断し、判決を書いて決めてくれます。

訴訟となると、いよいよ本格的に対立ムードとなるため、調停の時に比べても、さらに精神的負担は大きくなります。

中でも特に離婚訴訟で精神的に負担となるのが、尋問です。尋問とは、よくTVドラマなどで目にする法廷に立って相手方から質問を受け、これに答えていく手続きです。例えば、妻が夫によるDVを離婚の原因として主張し、夫がそれを否定した場合、診断書などの客観的な証拠がない限りは、本人たちの記憶と証言のみで真偽を争うことになります。そして、法廷に行って「私はいつ、どういう時にどんな暴行を受けました。」ということを、公開の法廷で話さなければなりません。暴行を受けた記憶を再度思い出し口にするというのは、それだけで辛いことです。

中にはもっと泥沼になるケースもあります。例えば、浮気が原因で別れる場合、その浮気相手を証人として法廷に呼ぶことがあります。その場合、浮気相手に対し「いつ、どちらから誘って、どういうかたちで不貞行為に及んだのか、性行為の回数や頻度はどの程度だったのか」といったような生々しいことを、詳細に渡り証言させるのです。

こういうケースの尋問は、お互いに本当に辛いものなので、尋問前に「もうそろそろ和解しようか」という話になることも多いです。

尋問の他に、離婚訴訟で精神的負担の原因になるのが、書面のやりとりです。訴訟になると主な主張のやりとりは書面上で行うのですが、書面でのやりとりは、どうしても双方攻撃的になりやすいものです。離婚したい妻は「こんなにひどい夫だった。こんなに暴力を振るわれた。最低の夫だ。」などと記載しますし、他方、相手からは「暴力なんて一切していない。むしろ向こうがひどい妻だったのに、自分は粛々と耐えていたんだ。ヒステリーで時には家事を放棄し、私に暴言を吐くひどい妻だった。」などと反論してきます。これらが次第にヒートアップすると、最終的には書面上で罵り合いのような主張の攻防が繰り広げられてしまうこともあります。

書面は、いつでも、何度でも見返すことができてしまいます。そのため、相手の主張に対ししっかり反論しようと繰り返し読み、検証し、それを繰り返す中でどんどん憂鬱な気分になり、最終的にはそれが原因で鬱病になってしまうこともあります。

離婚訴訟は、離婚調停とは別の手続きなので、多くの場合、別途お金がかかります。弁護士費用に関しては、着手金が二十万円から三十万円、離婚できた場合の成功報酬が二十万円から三〇万円程度であることが多いです。

しかも、離婚訴訟も一カ月に一回程度しか期日が入らないので、審理期間はかなり長くなってしまい、経済的・精神的負担も、その分大きくなります。さらに、訴訟は三審制なので、最高裁まで争われれば、数年単位で時間がかかってしまいます。

このように、訴訟は負担が大きいので、できることならば、それに至る前の話合いの手続きで解決できるのがベターです。

⑤強制執行

離婚をするための手続きではありませんが、離婚に関連し決まったお金の支払い等を、相手がきちんと履行してくれなかった場合には、強制執行という手続きで回収することができます。

しかし、強制執行の対象となる財産は自分で探さなくてはなりませんし、当然、弁護士費用と手間がかかります。強制執行の種類や方法については、第六章〈二．約束を守ってもらえなかったとき〉（185ページ～）をご参照ください。

以上が、離婚をするための手続きの大まかな流れです。時間もお金も精神的負担も一番軽く済むのが、裁判所を利用する手続きではなく、話合いで片付くのが何よりです。

三．離婚がこじれる最大の原因

～最大の原因は「不安」～

離婚がこじれる最大の原因は、不安です。
離婚に伴う不安は、挙げたらきりがありません。

「この先どうやって一人で育てていこう」
「教育資金はどうするのか」
「医学部に行きたいと言い出したら」
「私立大学に行かせるためには塾にも通わせなきゃ」
「一人親で寂しい思いをさせてしまうんじゃ」
「離婚が原因でいじめに遭ったらどうしよう」

このような漠然とした不安感は、積み重なると焦りや苛立ちに姿を変えます。

さらに、最近では、インターネット調べれば、「相手を出し抜いてやろう」「徹底的にお金をせしめてやろう」といった趣旨の情報が多いです。また、「損しない離婚」「負けない離婚」といったような、まるで離婚が相手との戦いであるかのようなことを書いているノウハウ本も溢れています。

このような情報が多いことも、不安、焦り、苛立ちが大きくなってしまう一因でしょう。

こうして不安が積み重なり、焦り、苛立ちが生じると、どうしても相手に対してヒステリックになったり、罵ったり、怒鳴ったりと、攻撃的になってしまいます。そうすると、たいていの男性は向き合うことを拒否するか、または同じく攻撃的になってしまい、冷静な話合いなんてできなくなってしまいます。

しかしそれにより、話合いがこじれると、とてつもない時間と労力、そしてお金をかけ、裁判所での手続きを進めていかならなくなってしまいます。

～「不安」の原因は「知識不足」～

では、この「不安」の原因は何なのか、どうすれば軽減できるのか。多くの依頼者を見てきた結果、私は、こうした不安が出てきたり、話合いがこじれてしまう原因は、離婚に関する知識が不足しているからだと思いました。知らないからこそ、

「親権がとられたら子どもに会えなくなるのではないか」

「親権がなくなるってどういうことなのか」

「親じゃなくなるのか」

「養育費ってどれぐらいもらえるのか」

「それで生活できるのか」

「生活は保障してもらえるのか」

「将来約束通りのお金を払ってくれなくなったらもう自分は泣き寝入りしかないのか」

「知らない間に自分が不利な条件で離婚してしまっているのではないか」

「向こうはもう弁護士に相談して策を練っているのではないか」

といった不安が次から次へと出てきて、これも調べなきゃ、あれもしなきゃ、とタスクが増えてしまい、余裕が無くなり、不安が不安を増幅させてしまうのです。

しかし、心配し過ぎる必要はありません。

たとえば、列挙した内容を順番に見ていくと、親権がとられたとしても子どもとは会うことができます。親同士で面会交流の話合いをして、それでもだめだったら裁判所に面会交流調停の申し立てを行えばよいのです。親権がなくなっても、親は親であって、その繋がりは消えません。

養育費も相場がしっかりと決まっており、しかも収入に応じて細かく表になっているので、たとえ自分の交渉力が弱くても、不当に不利な金額になってしまうということはまずありえません。

生活の保障については、養育費はもちろんもらえますし、養育費に加えて離婚の理由によっては慰謝料ももらえます。ただし、最終的には一人ひとりが自立していくことが必要とされます。それでも、自立を援助するような制度がいろいろとあるので、それも知っておけば、心配し続ける必要はないでしょう。

約束が破られ、将来お金を払ってくれなくなった場合でも、強制執行等で回収は可能です。もちろん、強制執行するにあたってはいろいろと準備をしなくてはなりません。しかし、難しければ弁護士に頼んでしまえば良いですし、弁護士費用も相手からお金を回収すれば支払えます。

　このように、離婚にあたっての不安は、必要な情報を知ってさえいれば、減らすことができます。しかも、離婚にあたって決めるべきことや注意すべきことは、実はさほど多くはありません。そのため、この本を読んでいくつかのポイントを押さえて、理解して、少しでも安心してもらえれば幸いです。

●コラム

養育費は給料から回収できる!

　離婚時、多くの人が持つのは、お金の件についての不安、特に「きちんと約束通り払い続けてくれるか」という不安です。そのため、安心材料の一つとして、養育費の回収のしやすさについて、ご紹介します。

　養育費の回収は、よくあるお金の請求、「物の売買代金の回収」といった場合よりも、法律上かなり優遇されています。

例えば、給料を差押える場合、相手の生活もありますから、給料の全部を差押えることはできず、差押え可能な範囲が法律であらかじめ決められています。この差押さえ可能な範囲が、養育費回収の場合には他の場合よりも大きくなっています。通常の金銭債権の回収は、差押え禁止の範囲は給与の四分の三なので、差押えられるのは、四分の一部分のみです。しかし、養育費の場合、差押禁止の範囲は二分の一なので、給与の二分の一分まで、差押えが可能なのです。

また、養育費は基本的に毎月決まった額（例えば、月額五万円など）を請求していくのですが、このうち一回でも不払いがあれば、将来の分まで含めて、給料の差押えが可能です。もう少し詳細に説明すると、通常、給料差押えの手続きをした場合、差押え金額分については、相手の勤め先から直接、あなたが支払いを受けることが可能です。そして養育費の場合には、この差押手続は、一回だけすれば、相手が会社を退職したりしない限り、その後、子どもが大人（多くは二十歳）になるまでずっと会社から直接支払いを続けてもらえるのです。そのため未払いがあるごとに毎回差押えの手続きをしなくてはならない、といった不便がありません。

毎月嫌な思いをして請求しなくても、自動的に会社が支払いを行ってくれる、これだけでも、知っていれば大きな安心につながるのではないでしょうか。

四．円満離婚の心構え

～大切なのは前向きな気持ち～

この本は、弁護士が法律家としての視点で書いた本ですが、何といっても、離婚にあたって一番大事なのは、前向きな気持ちです。

決めるべきことをきちんと決めて、子どもに不安を与えずに離婚する環境を整えるためには、出来るだけ円満に離婚することが必要です。感情に任せて相手に怒りをぶつけても、何もいいことはありません。むしろ、話合いがこじれて、負担が大きくなるだけです。そして、円満離婚をするために大切なのは、何と言っても前向きな気持ちです。

～必要以上に不安を募らせる必要はない～

円満離婚をするためには、前向きな気持ちの一番の障害となる「不安」を募らせすぎないようにすることが大事です。

不安が募ると、お互い敵同士のような雰囲気になって、「騙し合いをしてでもどうにか相手より有利な条件で離婚してやろう」とか、「情報もできるだけ隠そう」という気持ちになり、必要以上に攻撃的になってしまいます。しかし、不安を募らせる必要はありません。

さきほど養育費を一つの例として説明した通り、知ってさえいれば、押しつぶされるような不安を抱えなくてはならないほど、難しいことではないものがほとんどです。

また、「知っていること」と同じように大切なのが、「情報を隠さないこと」です。不安になると、どうしても情報を出し渋るようになります。

現在の口座の残高、積み立てはどのくらいあるのか、家計の資金繰り、子どもの様子、自分がだれに相談しているのか、これらの情報がどこまで重要なものかはわからないけれど、何となく隠したい、相手に教えたくない、と思うようになってしまいがちです。

しかし、それによって双方が疑心暗鬼になってしまうと、話合いが全くまとまらなくなってしまいます。これらの情報を隠しても、実はあまり大きな意味はありません。配偶者である以上、調べようと思えば調べられてしまうものがほとんどです。

それに、相手の情報も知りたいのであれば、やはり自分から情報を公開してしまうのが一番

です。そもそも仲が悪くなっている状態で、

「あなたの管理している財産を教えて。私のは教えたくないけど、あなたが先に教えてくれたら私も教えるから」

なんてお願いしても、嫌がられるのなんて目に見えていますよね。

こんなことをして、相手が態度を硬化させてしまえば、こちらも「教えないということは財産隠しをしているのではないか」などと疑心暗鬼にならざるを得ません。こうなれば、負のスパイラルが始まってしまいます。そうならないためにも、まずは自分が情報を隠さないことが大切です。


離婚を、子どもと幸せになるための前向きな一歩と捉えて、自分に自信を持って、気持ちを前向きなものにしてください。

●コラム

仲が悪くなる前からしておきたいこと

さきほどお話しした通り、財産状況は、双方隠さず開示するのが一番です。しかし、仲が悪くなってからこれをしようとすると、抵抗されてしまうこともままあります。そのため、できれば、離婚を本気で考えだすほど仲が悪くなる前から、お互いの財産状況を把握し合っておければベストです。

余談ですが、我が家では、毎月月末に「売り上げ報告会」と称して、月の収入と各口座の残高を報告し合っています。支出の項目を事細かに把握しようとは思っていませんが、相手のおよその収支が分かりますし、極端に支出が多い月があればすぐに聞き、疑念を解消することができます。こうしたことは、パートナーの仲が険悪にならないうちからやっておかないと抵抗されてしまうので、「うちはまだ離婚はなさそう」と思っている方も、是非参考にしてみていただければと思います。

五．離婚時に問題となること

次に、離婚する時に問題となりうる六つの項目について、基礎知識を確認したいと思います。まずは、円満離婚のためにという視点ではなくて、法的にどんな性質で扱われているのかという目線で解説をしていきたいと思います。

（一）はじめに～そもそも離婚できるのか～

法定離婚事由と離婚の合意

まず、考えねばならないのは、そもそも離婚できるのか、という点です。

双方とも離婚したいと思っていれば大きな問題はないのですが、一方は離婚したい、もう一方は離婚したくないと思っている場合には、法律上定められた事由に該当しなくては、離婚は認められません。そして、これから説明する通り、この〝法律上定められた事由〟は、意外と限定されているのです。その意味で、法律上、離婚はハードルの高い行為といえます。

離婚できる場合は大きく分けて二種類です。この二種類とは、法定離婚事由がある場合と双方で離婚の合意が成立した場合です。法定離婚事由というのは読んで字のごとく法律上定められている離婚事由で、これは、①不貞行為、②悪意の遺棄、③三年以上の生死不明、④回復の見込みのない精神病、⑤婚姻を継続しがたい重大な事由の五つしかありません。

法定離婚事由（民法七七〇条）

では、どのような場合が法定離婚事由にあたるのか、具体的に見ていきましょう。

①不貞行為

いわゆる浮気、不倫のたぐいです。これは理解しやすいでしょう。

ちなみに、どこからが浮気か、という問題は人によりラインが様々でしょうが、不貞行為というためには、原則として性交渉が必要です。

②悪意の遺棄

夫婦には同居し、互いに協力し合い援助しなければならない義務があります。この夫婦の同居協力扶助義務を放棄し、かつ、その放棄によって夫婦関係が破綻してしまうというのが分かっているのに敢えてしない場合を悪意の遺棄といいます。例えば家庭にお金を渡さない、家事や育児を放棄するなどが、遺棄にあたり得ます。もちろん、家を出て行ってしまったとしても、単身赴任なら仕方がないですし、家事の放棄も例えば健康を害しているという正当な理由があれば遺棄には当たりません。これらの行為を、正当な理由もなく、しかもそれをしたら夫婦関係が立ち行かなくなるってこと分かっていてあえてしたというような場合が「悪意の遺棄」にあたります。

③三年以上の生死不明

全く連絡がつかない状態が三年間続く場合です。これを認めてもらうためには、単に「連絡がとれない」というだけではなく、警察に捜索届けを出しても音信不通であるなど、本当に生死不明であることが分かる資料（警察からの捜索願受理証明書、勤務先や知人による陳述書、調査会社へ依頼した報告書等）を裁判所に提出する必要があります。

なお、③三年以上の生死不明による離婚と似たものとして失踪宣告があります。失踪宣告とは、不在者の生死が七年間明らかでないときなどに、裁判所へ申立てを行うことにより、生死不明の者について、法律上死亡したものとみなす効果を生じさせる制度です。そのため、離婚とはなりませんが、死別と同様、残された側は再婚をすることができるようになります。

④回復の見込みのない精神病

これは、意思疎通すらできない状態となり、今後それがずっと続くことが明らかである場合に、離婚を認めるものです。判断は、医師の診断書等によることになります。

⑤婚姻を継続しがたい重大な事由

上記①～④に該当しない場合に離婚をしようとすると、全て、この「婚姻を継続しがたい重大な事由」に該当するか否かという観点から主張、審理がされていくことになります。例えばDVやモラハラ等は、離婚理由として挙げられることが多いですが、これらはいずれも⑤にあたります。また、「子どもへの暴力」も⑤にあたります。これは、子どもに対して暴力を振るうような人とは、婚姻を継続はできないと考えるのももっともだからです。「婚姻を継続しがたい重大な事由」という言葉はとても曖昧なので、言い方によっては、どんな理由でも離婚ができそうな印象すら受けます。しかし、実際には、なかなかハードルが高く、性格の不一致程度では、まず認めてもらえません。

離婚の合意ができる場合

ここまで見たとおり、合意ができない場合に、裁判所に離婚を命じてもらうために必要となる「法定離婚事由」は、なかなかハードルが高いものです。しかし、双方で合意ができれば、必ずしも法定離婚事由は必要ありません。

参考に、離婚した夫婦における主な離婚動機を、裁判所の司法統計をもとに見てみましょう。

最も多いのが「性格の不一致」です。これが法定離婚事由に該当しない（特に、「婚姻を継続しがたい重大な事由」にも該当しない）ことは、先ほど述べたとおりです。「性格の不一致」の次は、「異性関係」や「暴力行使」「生活費を渡さない」と続きます。

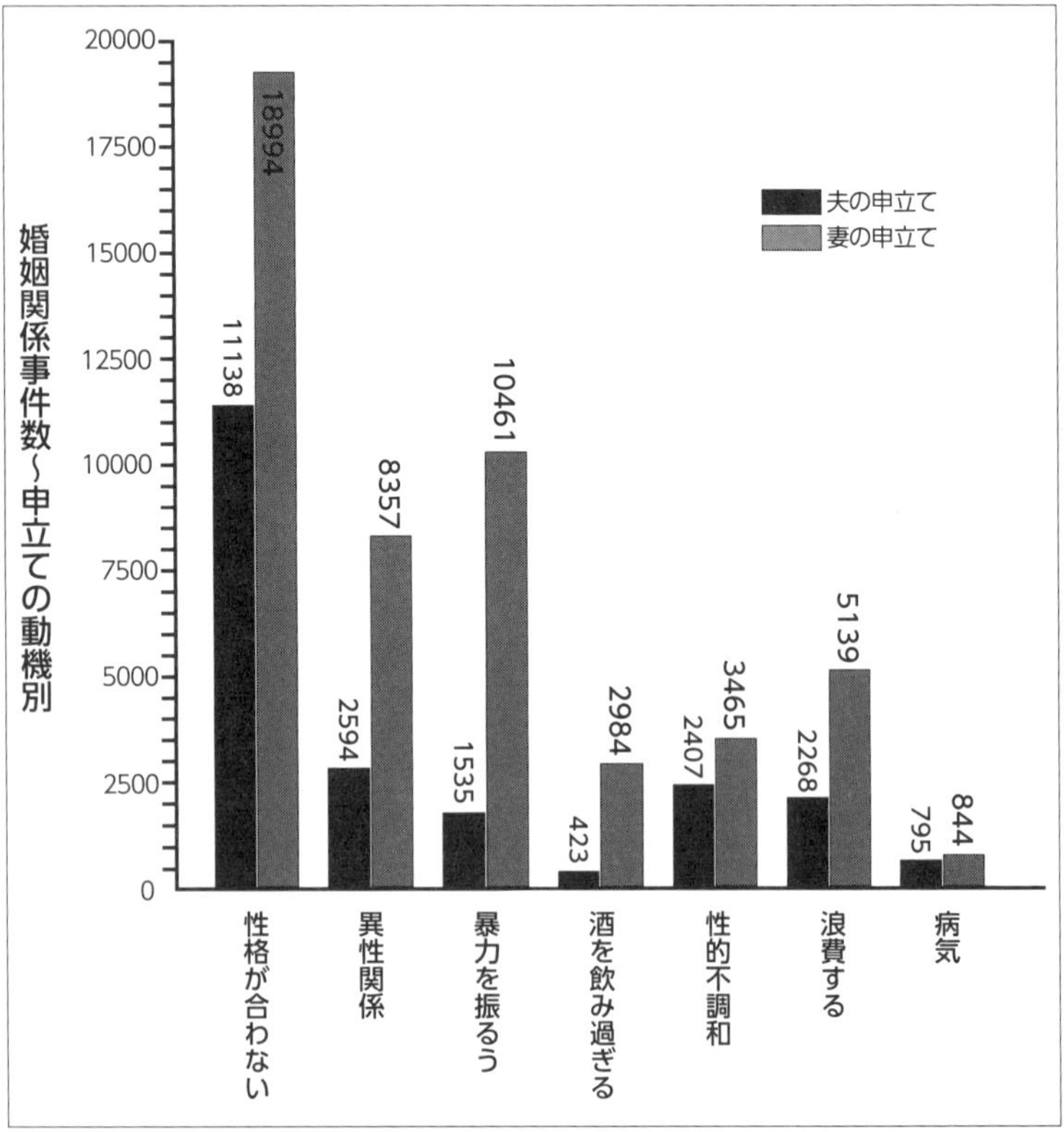

離婚の申立ての動機別割合（平成28年度司法統計より）

(二) 親権

親権とはなにか

親権とは、一般的に「未成年者の子どもを監護養育し、その財産を管理し、子どもの代理人として法律行為をする権利や義務」と定義されます。専門家でなければ分かりにくい難解な言葉から、この定義だけではイマイチ具体的なイメージが持てないのではないかと思います。

これらを、誤解を恐れずに噛み砕いて説明すると、「監護養育」とは、一緒に暮らしてを面倒を見ることとです。また、未成年の子どもが学校に入る際には、学校との契約書に保護者としてサインをしたり、アルバイトする際にも保護者としてサインをしたりすると思いますが、これらが、「代理人としての法律行為」です。

海外では、離婚後もパートナー同士で共同親権を維持できる国がありますが、日本の法律ではできません。そのため、離婚時父母どちらかに親権を決める必要があります。協議離婚の場合、離婚届に親権者をどちらにするのかをチェックする項目があり、それを書かないと離婚届は受け付けてもらえないようになっています。

多くの場合は母親が親権者

双方親権を求め争われた場合、裁判所が最終的に親権者を決定するにあたっては、父母どちらに親権を持たせることが子どもの福祉にとって好ましいか、という点から判断を行います。その際には、子どもに対する愛情、子の年齢、環境の継続性といった点が考慮されます。ちなみに、平成二十年度の司法統計によれば離婚後の親権者は、九〇％が母親、一〇％が父親となっているようです。実際、子どもが小さい場合は父親に親権が認められることはほとんどありません。

例えば、母親の浮気が離婚の原因でも、多くの場合は母親が親権を得ます。浮気は夫に対する裏切りですが、それがすなわち母親として不適切という評価には繋がらないからです。親権の基準は、あくまで〝子どもにとって〟どちらがいいかという点だけなので、良妻といえなくても、賢母でさえあれば、親権獲得上は必ずしも問題となりません。

父親に親権が認められる場合

前述のとおり、父親に親権が認められるのは、全体の一〇%程度にしかすぎません。どんな場合かというと、母親による育児放棄があり、暴力等で母親としての適性に問題がある場合です。親権者の決定にあたり、問われるのは妻としての適性ではなく、母親としての適性です。そのため前述したように、不貞等の問題は関連しません。

なお、虐待の場合には、離婚時の親権者の決定と関係なく、親権の停止や親権の変更という制度を利用することができます。そのため一方を親権者として離婚した後でも、その親による虐待が疑われれば、児童相談所に相談するなどし、親権を停止してもらうという方法もあります。このようにして、一度認められた母親の親権を停止し、その後は、父親が親権者となったという事例も存在します。

父親に親権が認められた事例として、一つ興味深い事例をご紹介します。夫婦が、双方共に親権を求め、裁判で争っていました。母親側は、父親と比較的面会交流に積極的ではなく、今後の面会交流実施頻度についても月一回程度を希望していました。他方、父親側は、年間百回の面会交流の計画を提示するなどして自分が親権者になれば面会交流を積極的に行うという点を、アピールしました。そうしたところ、珍しいことに、一審では男性に親権が認められました。このように、子どもにとって大事な権利である面会交流権を奪うようなことを公言している場合には、「子の福祉上問題がある」とみなされ、親権が認められない可能性があります。なお、このケースは二審の高等裁判所では結論が変わり母親に親権が認められましたが、少なくとも、裁判所にこのような考え方があるということは、分かると思います。

親権を決めるのは、あくまでも便宜上

親権に関して、数多く見られる勘違いは「親権を取られてしまったら親でなくなる」「二度と子どもに会うことが出来なくなる」というものです。しかし、これらは大きな間違いです。親権を両親のどちらかに決めなくてはならないのは、離婚後に生じる子どもをめぐる様々な手続きが、元々のパートナー双方で行うことで煩雑にならないように、つまりはどちらかの一存で決められるように管理権限を一個にまとめるためです。

現実的に見ても、仲の悪くなった元夫婦同士で、どこの学校に通わせるか、何の習い事をさ

せるか、といった話合いがスムーズに決まるとは思えませんよね。だから、どちらかの一存で決められるよう、実際に子どもの生活の面倒を見ている方に、親権を持たせておくほうが便利なんです。

そういう意味では、制度上、今後の煩雑さを回避するためにあるのが親権の問題であると考えることもできます。離婚して親権がなくても、親であることは変わりませんし、また親であれば面会交流権を認められ、子どもに面会する権利があります。だから、親権が無くなることに対し必要以上に拒否感を示し、話合いをこじらせることだけはやめてほしいところです。

子どもの意思

親権者を決めるにあたっては、当然、子どもの意思も考慮されます。では、子どもの意思は、どの程度考慮されるのでしょうか。

裁判所では、子どもの意思は、子どもが小さければほとんど重視されません。子どもはどうしても、一緒に住んでいる、または一緒により長い時間を過ごしている親の顔色を窺ってしまい、本心でなくても、そちらの親の方がいいと言ってしまいます。特に小さな子だとその傾向が顕著なため、子の発言をそのまま子の本心とみなすことは難しいのです。

また、たとえ本心からの発言だったとしても、片方の親から他方の親の悪口をあることないこと散々吹き込まれた結果そう思っているのであれば、それは本当の意味で本心とは言えません。

私が関わっていた事案でも、父親が、子どもたちに「俺が金を全部払ってるんだ。その金がなかったらこの生活はできないんだからな。母さんはただお金を使うだけだ。」などと、自分による経済的庇護の結果みんな生活できているんだ、という話をくり返ししていたケースがありました。その結果、子どもたちは、普段家に全くいない、会話もほとんどない父親を、親権者として希望しました。この希望は、子の本心からくるものでしょう。しかし、自由な意思決定によるものではなく、「父親といないと生活できないかもしれない」という恐怖心から導き出されたものである可能性もあります。そもそも、子どもの生活に関する費用は、婚費や養育費として支払わなければならないものであり、これを支払っていることを引き合いに自らの地位が高いかのように主張する父親の考えは、子どもの福祉という観点から、必ずしも適切なものとは言えません。

このように、幼い子の意思は、本心でない可能性があるため、また、不適切な影響を受けている可能性があるため、あまり重視されないのです。

では何歳から子どもの意思が尊重されるのでしょうか。

この点について、子の発育の程度には個人差があるため、「何歳」という明確な基準はありません。

もっとも、あえて言えば、十五歳が境目であり、十五歳からは裁判所も子の意思を尊重する傾向にあると言われています。家事手続法では、裁判所は、子が十五歳以上の場合には、親権者を決めるにあたり、子の言い分を聞かなくてはならないと定められています。この十五歳という歳は、子どもが自分だけで養子縁組等の身分行為を行うことが法律上できるようになる歳です。養子縁組のような身分行為は、本人の意思を尊重すべきものですが、本人に与える影響が大きいことから、十分な判断能力が育成されるまで、親などの法定代理人の承諾が必要とされています。そして、承諾なく、子が自分だけで養子縁組ができる年齢を、民法では十五歳と定めています。このように、民法は、十五歳を、子に十分な判断能力が備わる年齢の目安と考えているようです。

裁判所は、このような理由もあり、親権者決定にあたっても、十五歳を目安に、子の意思を尊重する運用にあるのかもしれません。

（三）面会交流

子ども別居親の権利であり、同居親に拒否権はない

面会交流とは、子どもと別居している親が子に会うことです。これは親の権利ですが、同時に子どもの権利でもあります。子どもと同居している親に、面会交流への拒否権はありません。

しかし、実際には、会わせたくなければ会わせなくてもいいと考えている同居親も多いです。中には、審判などで面会交流を行うと決められても、実力行使をして会わせないよう試みる人もいますが、そうした拒否権は存在しません。

ほとんどのお母さんは、最初は「できれば会わせたくない」とおっしゃいます。でも、お父さんにも愛されている、と実感することは、子どもの心身の健全な発達のため、とても大切なものです。必ず、会わせてあげてください。

頻度・時間にも原則制限はない

もっと言ってしまえば、親権がなくても、原則、親が子どもに会うことは自由であり、月に何回でも、何時間でも、法律上制限されているわけではありません。〝離婚して親権がなくなったら、会えるのは月に一回だけ〟というような俗説が独り歩きしてしまっているため、このような誤解が生じてしまっているのです。

繰り返すとおり、親が子に会う機会に関し、法律上、時間や頻度についての制限はありません。ただし、同居親がどうしても面会交流に反対していた場合に、この事件を持ち込まれた裁判所が、最低限の妥協点として命じてくれる面会交流の頻度が、月に一回ぐらいであることが多いというだけです。ですから、合意さえできれば毎週末、子どもが泊りに行くことも可能です。

中には、別居親と子どもが自由に連絡を取り合い、好きな時に会うという取り決めする人もいます。私がかかわった事例でも、子どもに携帯電話を持たせて、携帯電話が鳴ったら自由に話し、会っていいというルールにする。その代わり携帯電話の費用は別居している親が支払う、という取り決めをしたケースがありました。

面会交流の実情

しかし、この面会交流に関して、離婚する時にきちんと取り決めをして離婚している夫婦は、全体の二四％程度しかいません（厚生労働省「平成二八年度全国ひとり親世帯等調査結果報告」より）。皆さん、お金のことはしっかりと話し合って離婚するのですが、面会交流についてはきちんと決めずに離婚してしまう場合がほとんどです。そして離婚から半年、一年と時間がたち、会えない時間が重なった時に、初めて別居親から「寂しいから会いたい」等の申し出がされて、やっとそこで具体的な話合いが始まるというケースが多いです。

また、残念なことに、特に男性側で、「別に子どもに会わなくていい」という意見をお持ちの方も、実は少なくありません。そういった方でも、多くは、最初のうちは母親との間で激しく親権を争ってきます。しかし、だんだんと親権を争っても何の得にもならないということを理解してきて、「親権が得られない＝相手の子になるのであれば、別に会わなくていいや」という気持ちになってしまう人が少なくないのです。

子どもに会うのは、親が寂しいからという理由だけではなく、子どもの教育のため、子どもの心身の健やかな発達のためなのだという視点を忘れないで下さい。

面会交流について取り決め（約束）ができたとして、実際にどれくらい実施されているか、約束どおり会わせてもらえているのかというと、これもまた非常に少ない割合です。実施ができているのは、母子家庭世帯に対して父親が面会を求めているケースでは三〇%程度、父子世帯家庭に対して母親が面会を求めているケースは四五%程度です。つまり、若干ですが、父親のほうが約束とおり会わせてくれる傾向にあります（厚生労働省「平成二八年度全国ひとり親世帯等調査結果報告」より）。

面会交流の頻度については、月一回という家族がダントツで多く、全体の六二%です。これはただ、「相手がどんなに反対しても月一回は会わせる」という裁判所の判断例が多くあるから、総数が多くなっているだけでしょう。

相手側が猛反対したりしなければ、月に二回や二週間に一回といった取り決めをしているケースも一定程度ありますし、週に一回というケースも見られます。しかし、割合としては、月二回以上の割合は四%にとどまります。また、意外に多いケースで一〇%を占めるのは、宿泊ありというケースです。

このように、面会交流は、月に一回しか会えないことを意味するものではありません。

円満な関係で離婚ができていれば、きちんと話合いができます。そして、別居親と子の間で、円満な関係が保たれていると同居親が分かってくれれば、頻繁な面会であっても、頑なに反対されることはありません。【親権をとられたらもう会えない】という考え方をするべきではありません。

もしも会わせなかった場合

同居親が面会を頑なに拒否し、会わせなかった場合には、どうなるのでしょうか。

最悪のパターンとしては、別居親が子を連れ去って返さない、いわゆる「連れ去り」という事例も、少なからず発生しています。しかも、多いのは、面会交流の際ではなく、離婚が成立する以前、不仲になって別居する際に実力行使で子どもを連れて行ってしまうパターンです。裁判所における親権の行方に関する判断は、今どういう監護状態（環境）で暮らしているかという点にも大きく左右されます。そのため、勝手に連れて行かれた結果であったとしても、事実、子どもが相手と暮らし安定している以上、「このままその人が面倒を見るべきだ」という流れになりかねません。このように、不用意に面会交流を拒否することは、子どもと一緒に今後も生活していきたいと考えるのであれば、決して得策ではなく、むしろリスクの高いことです。

また、面会交流中における連れ去りが不安だから会わせたくない、という方もいるでしょう。確かに、連れ去りのリスクがあるのに子を引き渡すことには、抵抗があります。しかし、そのような場合にも、面会交流を拒否するのではなく、面会交流機関（詳細は124ページ参照）を適切に利用し、連れ去りができない状況を作るなどしたうえ、実施をしましょう。

繰り返し述べるとおり、子の心身の健全な発達にとって、面会交流は非常に大切なものです。子どものためを思えば、愛情は大きさも大事ですが、数も同じように大事なんです。そのため、子どもの幸せのためにも、積極的に実施して下さい。

（四）養育費と婚姻費用

二つの違い

混同しやすいものとして、養育費と婚姻費用があり、いずれも生活費を支払ってもらうという点では、共通しています。

養育費というのは、〈子どもを〉監護、教育するために必要な費用です。具体的には、子どもの生活に必要な経費、食費、教育費や医療費などです。法的な支払い義務は原則、二十歳（現在の成人年齢）までですが、最近では、大学卒業の二十二歳まで支払うケースも多いです。養育費は子どものためのお金であって、子を監護する元配偶者の生活のためのお金ではないという点に注意しましょう。

これと似ているものとして、婚姻費用があります。これは〈配偶者と子ども〉の生活に必要な費用です。離婚の話が出てから離婚届を出すまでの期間は、長くなることもあります。その間、相手が生活費を渡してくれなくなるというケースも多いです。しかし、この期間も夫婦である以上、離婚届を出すまでは婚姻費用の支払いを請求することができます。婚姻費用を請求できる根拠は、夫婦の生活保持義務にあります。夫婦の生活保持義務とは、お互いの生活レベルが同等になるように助け合う義務です。そのため、自分は豪華な生活をして、相手には最低限度の生活しかできないようなお金しか渡さないということは許されず、夫婦である以上、互いの生活レベルは同等になるように互いに協力扶助し合いましょうというのが、生活保持義務の基本的な考え方です。そして、この婚姻費用の支払い義務は、別居していても、離婚するまでなくなりません。

では、この婚姻費用と養育費は両方もらえるのかというと、きちんと住み分けがされています。〈離婚するまでは〉お互いに生活保持義務があるので、同じような生活をできるように〈婚姻費用を負担するよう請求することができます〉。また、婚姻費用には、子の生活費も含まれています。しかし、離婚してしまうと、元配偶者の生活を保持する義務はなくなります。しかし、親子関係が消滅するわけではないので、子どもについてはやはり責任を負わなければなりません。そのため、〈離婚後は、養育費の方を請求〉していくことになります。

金額の相場

金額の相場は、婚姻費用と養育費両方とも、双方の収入と子の人数、年齢により決定するのが一般的です。そして、この収入に鑑みた基準として裁判所で一般的に使用されているのが、「養育費・婚姻費用算定表（69ページ参照）」です。法律でこの算定表に従わなければいけないと決まっているわけではありませんが、裁判所が作っている基準でもあるので、一般的な基準として広く使用されています。この表は、インターネットでも公開されているので、簡単にアクセス可能です。

この表の使い方を説明するため、典型的な事例を一つ紹介しましょう。例えば十四歳以下の子どもが二人、父がサラリーマンで、年収が四五〇万円、母がパートで一三〇万円という家庭で、母が父に養育費を請求するとします。その場合、表の右上に書かれた表記を見て、いくつかある表の中から、右上に「養育費・子2人表（第1子及び第2子0〜14歳）」と書いてある表を選びます。そして、今回は夫が支払う側、すなわち義務者になるので、夫の収入については、縦軸「義務者の年収」というところを見て、左側の「給与」という軸の四五〇万のところ

表3　養育費・子2人表（第1子及び第2子0～14歳）

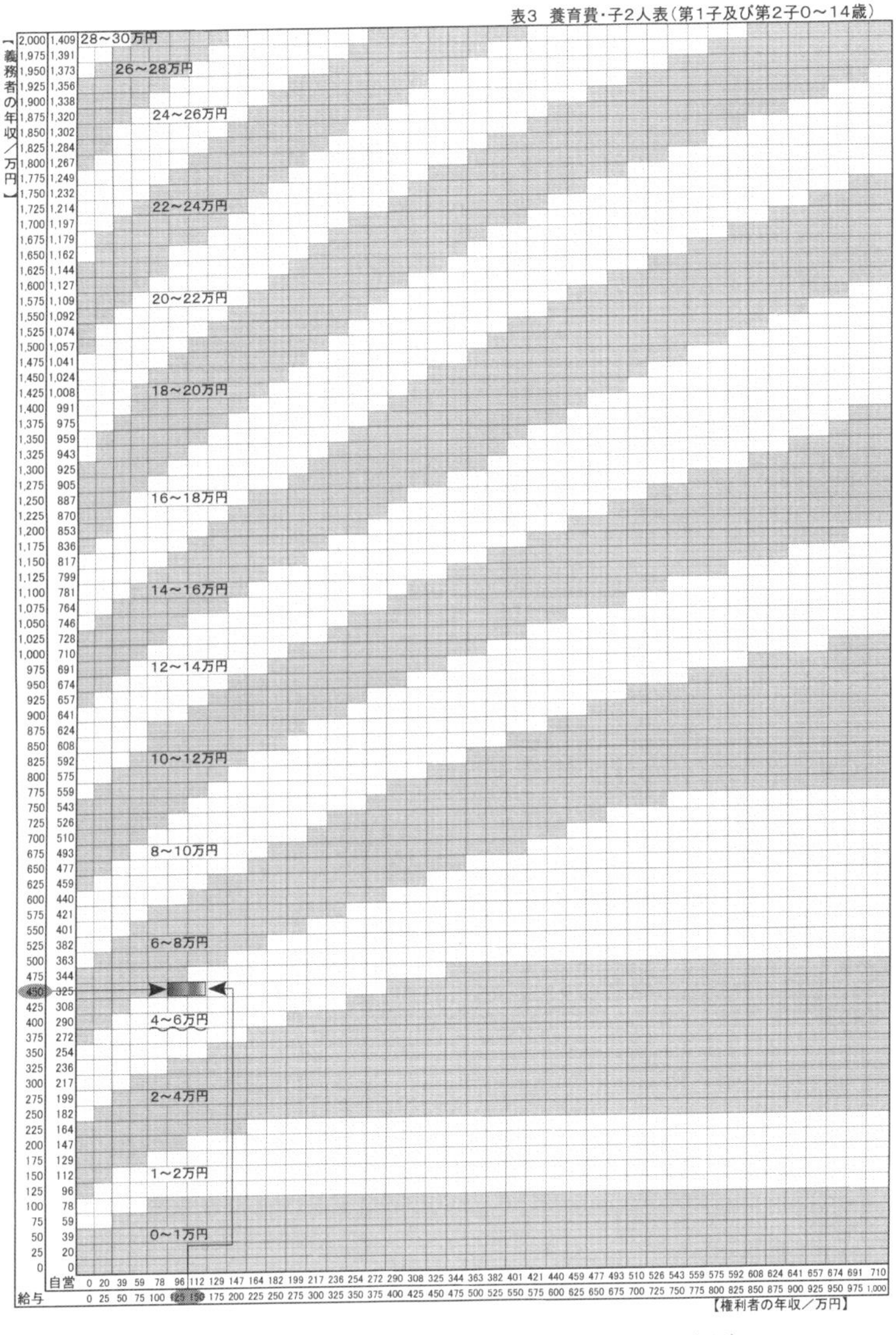

「養育費・婚姻費用算定表」（裁判所・http://www.courts.go.jp/ より）

が該当します。妻の収入については、横軸「権利者の年収」というところの、下側の「給与」という軸の一二五と一五〇の間くらいが該当します。この二点が表の上でぶつかるのは「4～6万円」という帯の上の方です。これは月額なので、だいたい月に六万円が相場となります。

妻側にありがちな誤解として、「今まで生活費として二十万円をもらっていたのだから、それは保証されるのですよね？」と聞かれることがあります。特に夫が離婚の原因を作った場合、このように「今までもらっていたんだから、離婚が成立しても同額もらえるはず」と考えている方は意外と多いです。しかし、これは誤解です。離婚したら養育費でまかえない分の生活費は、きちんと自分で稼がなくてはなりません。養育費はあくまでも子どもの生活のためのお金であって元妻の生活まで保障する義務は、離婚した後のパートナーにはありません。今までの生活費と同程度の額が保証されるというのは、ありがちな誤解なので注意しておきましょう。

支払方法は、先ほどの算定表を見ても分かる通り、「月額いくら」というように決まり、その金額を毎月払ってもらうことになります。だいたい毎月月末までに振り込むというかたちで取り決めがされて、養育費でしたら二十歳あるいは二十二歳頃まで支払いが続きます。さきほども述べた通り、法律上、養育費の支払い義務を負うのは、子が成人（現在の成人年齢でいえば二十歳）になるまでです。大学卒業までを念頭に入れると二十歳を超えてしまいますが、父親が「子どもには大学までは出してあげたいから」などの理由で二十二歳まで払うことを約束してくれれば、二十二歳まで支払いを受けることも可能です。父親側が二十二歳までの支払いを了解しておらず、裁判所が支払終期を決める、という場合は、成人（現在であれば二十歳ですが、今後は法改正により一八歳に引き下がる可能性があります）までとなることが多いです。

養育費の実情

協議離婚をする場合に、きちんと養育費について取り決めをして離婚をする夫婦は、意外と少ないです。

母子家庭になる場合だと、離婚時に取り決めをしているケースは約四二％のようです。父子家庭になる場合だと、その半分である約二〇％しか、きちんとした取り決めをしていないようです。さらに、取り決めに従い実際にきちんと養育費の支払いを受けている家庭は、取り決めをした家庭を一〇〇％とすると、母子家庭の場合で二四％、父子家庭の場合だと三％のみにとどまっています（厚生労働省「平成二八年度全国ひとり親世帯等調査結果報告」より）。

このように多くの方が、貰えるはずのものを貰わずに生活を送っています。養育費は権利として認められるものですから、しっかりと主張することが大事です。

なお、厚生労働省の統計によると、母親側の場合でいうと、収入の多い母親ほどきちんと取り決めをしてきちんともらっている傾向にあるようです。

「自分の力で育てるから、お金なんていらない」と、強がってしまう女性も見受けられます。しかし、養育費は子どものために使うお金なので、自分に収入があってもなくても、意地を張らずに、支払ってもらいましょう。そしてその分、子どもに投資をしてあげたほうがいいのではないかと思います。

金額の変更

仮に、離婚した時に子どもが二歳だったとすると、養育費の支払いはあと十八年も続きます。今、夫の収入が少なくても、十八年後までには収入が増える可能性もあります。さきほど述べたとおり、養育費の額は両親双方の収入額を元に算出しているので、収入が変われば当然養育費も変わります。このような場合には養育費の増額を求めることができます。

相手に増額を請求して任意に応じてくれれば一番良いのですが、抵抗されてしまう場合も多いです。そのような場合に利用できる制度として、養育費増額調停があります。裁判所へ調停の申立てを行い、もう一度、養育費算定表に見合わせたりして養育費を決め直すわけです。もちろん、相手側の収入が下がることもあるので、増額請求も減額請求も両方用意されています。ご自身が支払う側、受け取る側のどちらの立場であるかに応じ、利用を検討してみてください。

（五）財産分与

結婚中に築いた財産は二分の一

財産分与とは、婚姻生活中に夫婦で協力して築き上げた財産を、離婚の際にどうやって分けるかという問題です。

基本的には、結婚してから取得した財産は、どちらの名義でも全て二分の一に分けられます。妻側が専業主婦で働いていなくても、全額夫が稼いだお金で買った、家も車も、家具も、全て二分の一で分けることになります。これは、夫だけが働き、妻は専業主婦で収入がなかったという場合でも、妻は「家事労働」を果たしていたとみなされるためです。

この家事労働については、「家事を手抜きしている場合、妻は夫と同じほど働いたとは言えないのではないか」と思う人もいるでしょう。しかし、夫から見て手抜きでも、妻にそのつもりはないかもしれませんし、手抜きをしているかどうかは、最終的には主観的な評価の問題となってしまいます。

そのため、ある程度の常識的な範囲内での問題、例えばパートに入っている日は忙しいから夫に買い物を頼むこともあったとか、掃除は休日にしかできなかったとか、この程度の問題であれば、家事労働の落ち度はほとんど取るに足らないものとしてみなされ、結局は二分の一になります。

財産分与の対象財産

財産分与の対象となる財産には、家などの不動産も、車のような動産も、預貯金や株式などの金融資産も、全て含まれます。ただし、あくまで婚姻生活中に取得された財産なので、結婚前からもっていた預貯金、結婚に当たって親から渡されたもの、相続で得たものなどは特有財産といい、分与の対象となりません。

これに対して注意しておきたいのは、負債は必ずしも二分の一にはならないということです。プラスの資産は二分の一に分割されますが、マイナスの負債は、もともと当該負債を負っていた者が、そのまま負うことになります。お金を貸した銀行側からすれば、その人の収入等を信頼したからこそ貸したのであって、離婚したからといって勝手に二分の一を元配偶者の債務とすることは認めてくれません。したがって、夫名義の場合は夫が、妻名義の場合は妻が離婚後も負債を全て背負うことになります。

ただし、その負債が家族のために負ったものであった場合には、別途考慮されます。例えば、夫側が自宅のための住宅ローンを組んでいた場合、住宅ローンは家族全体のために負った負債です。

そのため、不動産価値とローンの残額を比較し、金額がマイナスにならない限りは、不動産価格からローン残額を控除した金額を当該財産の価値として把握し、分割します。しかし、オーバーローンの場合（当該不動産を売って売却金を全てローン返済にあてた上で、さらにローンが残ってしまうような場合）には、この残ってしまった負債の分は、夫が負うことになります。

慰謝料との違い

もう一つ注意しておきたいのは、財産分与は慰謝料とは異なって、離婚原因（相手方の不貞行為などの問題）とは基本的に関係がないということです。

そのため、例えば妻の浮気により離婚に至ったから、妻への財産分与はしなくていい、もしくは少額でいいかというと、そんなことはありません。あくまで慰謝料は慰謝料として請求するものであり、財産分与は分与対象財産を二分の一にするものなのです。

浮気をされた場合など、被害者意識が強すぎると、この区別を見落としてしまい、相手から一銭でも多く取ってやろうという気持ちばかりが先行してしまいがちです。しかし、話合いをこじらせる原因となるので、離婚原因と財産分与を区別することは、忘れないようにしましょう。

なお、「慰謝料を支払うお金がない」という場合には、現金ではなく、財産分与の対象となる金銭以外の財産（家・車など）を相手に渡すことで、慰謝料の支払いにあてることがあります。このような場合を慰謝料的財産分与と呼んだりしますが、財産分与の割合（二分の一）が変わったのではなく、あくまでも慰謝料として支払う金銭の代わりに、本来、財産分与では自分が取得するはずだった二分の一部分にあたる財産を当てた結果として、財産の取り分が二分の一でなくなっただけです。紛らわしいので注意しましょう。

（六）慰謝料

どんな時にもらえるのか

慰謝料とは、当事者が受けた精神的苦痛を慰めるために支払う金銭です。慰謝料の請求は、心の傷をお金に換算してみて、その金額を支払うよう請求する、というイメージです。

慰謝料に関して注意しなければならないのは、離婚することになったら絶対に慰謝料がもらえる、というわけではないことです。慰謝料は、単に「心が傷ついた」というだけでは発生せず、当事者の権利や利益が不当に侵害された場合にのみ発生します。そのため、嫌なことがあったら何でも慰謝料が請求できるのではなく、法律上保護されるような権利や大事な利益が侵害された場合にのみ請求することができるのです。

では、具体的にどのような場合がこれにあたるかというと、多くは法定離婚事由に該当するような場合です。例えば、不貞行為をされた場合、ＤＶ・モラハラを受けた場合、働けるのに働いてくれない場合、専業主婦の妻に長期間生活費を渡してくれない場合などがこれにあたります。「相手の性格が悪かったから離婚に至った、離婚の原因は相手にあるのだから、離婚慰謝料を請求できるはず」と考えている方も多いですが、その程度で慰謝料を請求することは難しいです。法定離婚事由に該当するような場合でない限りは、なかなか慰謝料は認められません。

いくらくらいもらえるのか

では、慰謝料は実際には、いくらもらえるのでしょうか。

相談にいらっしゃる方の中にも、慰謝料について何百万、何千万請求してほしいと強気におっしゃる方は多いですが、相場はさほど高くありません。

不貞行為によって離婚した場合は一〇〇万円から四〇〇万円、離婚していない場合は数十万から二〇〇万円程度が相場と言われています。考慮要素は、婚姻期間、不貞行為の期間、回数などです。一回の気の迷いであったという場合と、何年も浮気相手と連れ添った場合では全然違いますし、主導的立場だったのが、つまり自分が浮気相手を積極的に誘ったのか、しつこく誘われてなし崩し的にそういう関係が始まってしまったのか、浮気相手の存在による影響を家に持ち込んでいたのか、などが考慮されますが、各ケースによって様々です。

相手の暴力により離婚に至った場合は、五〇万～三〇〇万円が相場と言われています。金額の幅が大きいのは、被害者のケガの具合によって、被害の規模が違うからです。ケガの程度のほかの考慮要素としては、暴力の回数・期間、婚姻期間、後遺症の有無と程度、受けた側の落ち度などがあります。

暴行を受けた側の落ち度が考慮された事案として、印象的だった事案があるので一つ紹介します。夫は妻を殴ってしまい、これが引き金で夫婦は離婚に至りました。しかし、夫が妻を殴ってしまって理由は、「風俗関係の仕事を全然辞めてくれないから」というものでした。夫は何度も妻に仕事を辞めるよう説得しましたが、妻は自らのお小遣い稼ぎのためと悪びれもせず仕事を続け、ついに夫は我慢できなくなって妻を殴ってしまった、というものでした。この事案では、相手側にも原因がある、として慰謝料はごく低額となりました。また、最近では、妻から夫へ暴力を振るうような場合もあります。妻からの日常的な暴行があり、夫がついこれに反撃しケガを負わせてしまったという事例でも、被害者である妻側の落ち度が考慮され、慰謝料の額はごく低額にとどまることがあります。

他にも、数は少ないですが、「悪意の遺棄」を理由として慰謝料が請求されるケースもあります。同居拒否、専業主婦の妻に生活費を渡さないなど、先に述べたように夫婦としての同居協力扶助義務をわざと履行しないような場合です。この場合の慰謝料はだいたい五〇万から三〇〇万円ぐらいです。

考慮要素としては、別居期間、子どもの人数や年齢、双方の収入などが挙げられます。例えば、まだ手がかかる子どもがいっぱいいるのに全くお金を渡してくれないという場合には、慰謝料の請求も考えられます。もっとも相当額を稼いでいるのに全然生活費を渡していなかったのか、そもそも収入が極端に少なくて生活費を渡せなかったのかによっても、事情は全く異なってきます。この他に、悪意の遺棄を受けた側の落ち度、具体的には、家庭内には何も問題がなかったのに勝手に家を出て行ってしまったのか、出て行きたくなってもしょうがない環境作ってしまっていたのか、といったような事情も考慮されます。

慰謝料の支払い方

先に述べた養育費や婚姻費用は、月額が決まり、毎月この額が支払われるというかたちが一般的です。これに対し、慰謝料は、月額ではなく総額を決めていきます。もちろん支払方法が月々の分割となることはありますが、その場合でも、初めに総額がきまり、その後に支払い方法について、一括での支払いが可能なのか、できない場合には月額いくらずつ分割するのかということを決めていくことになります。

●コラム

芸能人の慰謝料はなぜ高いのか

「俳優●●夫婦離婚！慰謝料3億円！」というように、芸能人の離婚に際しては、高額な慰謝料が話題になることも多いです。さきほど説明したとおり、慰謝料とは心の傷をお金で評価したものです。この本質は、芸能人でも一般人でも変わりません。そのため、裁判所も「芸能人だから深く傷ついた」という理由で高額な慰謝料を認めているわけではありません。

では、なぜ芸能人夫婦の離婚時には、高額な慰謝料が支払われたなどというニュースが流れるのでしょうか。

これには、いくつか理由があります。一つ目に、報道時に「慰謝料」という言葉が不正確に使用されている場合があります。報じられた高額な金額は、純粋な慰謝料ではなく、財産分与等も含めた、「夫側から妻側へ支払われる金額」に過ぎない場合もあるのです。

二つ目に、口外禁止条項を定めた和解により決められた金額である場合があります。さきほど述べた慰謝料の相場は、あくまで判決になった場合に裁判所が支払いを命じる額についての相場です。そのため、当事者の合意により和解を成立させたような場合には、これと全く異なる金額になることも多々あります。そして、例えば不倫を原因とする離婚であり、しかも当事者が芸能人であった場合、その詳細は週刊誌の格好のネタになってしまいます。また、自身のイメージを崩さないためにも、通常、自身の不倫に関する詳細（相手女性はだれで、どのようにして発覚し、どんな頻度でどんなデートをしていたのか、等）は、口外してほしくないものです。そのため、第三者への口外禁止を約束し、それを調停条項に盛り込むことがあります。
また、不倫は男女二人で行う共同不法行為ですから、妻は不倫相手へも慰謝料請求ができます。しかし、不倫をした男性としては、相手の女性に対して責任追及がされるなんてあまりにかっこ悪く、「それだけは勘弁してくれ！」という方も多いです。そのため、和解条項に、相手女性への責任追及をしない旨を盛り込むことがあります。

このように、口外禁止条項や、相手女性への責任追及をしない旨の条項を和解に盛り込んだ場合には、その引き換えとして、高額な慰謝料の支払いが約される場合があります。なお、この相手女性への責任追及をしないことを約する代わりに多少高額な慰謝料を求めるという手法は、芸能人でなくても、交渉のカードとして度々使用されます。

第三章
よくある失敗例

失敗は、思わぬところに潜んでいます。特に離婚にあたっては、自分でも気がつかないうちに、失敗に陥っている場合も多いです。そのため「離婚における失敗」とはどんなものなのかイメージを持ってもらうため、はじめに多くの人が陥りやすい「よくある失敗例」を三つ紹介させていただきます。

この三つのパターンで相談にいらっしゃる方は、本当に多いです。しかもやっかいなことに、これらの方のほとんどに失敗したという自覚がありません。それどころか中には「やってやったぞ」といったような雰囲気でいらっしゃる方もいらっしゃいます。

後々、後悔しないためにも、本当に気を付けてほしい、よくある失敗例を三つ紹介します。

ケース1：何も決めてない

◆Aさん（三十代女性）からの相談

結婚五年目で、夫の浮気が発覚しました。

最低の裏切り行為に私が激怒していたところ、夫は「お前にも原因がある」なんて言って逆ギレしてきたのです。「俺が家に帰ってもろくに料理も作らない」「子どもができてからは、夫婦生活もない」「俺が浮気に走ったのはお前のせいだ！」などとまくしたてられました。

夫のあり得ない言動に私の怒りもヒートアップして、最後はお互いに怒鳴り合いの罵り合いで、泥沼状態でした。

でも、お互い「これ以上一緒にいれない」という点は一致していたので、とりあえず離婚届を書き、すぐに役所へ離婚届を提出しました。

あんな奴さっさと別れられてせいせいしています。

でも私は被害者ですから、払うべきものはきちんと払ってもらいます。インターネットで調べて、私には慰謝料や養育費を請求する権利があると知りました。

これから色々請求したいと思っているのですが、どうしたらいいですか？

■何が悪かったの？

これが、よくあるパターンの一つ目、「何も決めていない」というパターンです。

もちろん、何も決めずに離婚することが常に悪いかというとそういうわけではありません。ここで一番問題なのは、離婚に至る経緯の中で、怒鳴り散らして罵り合って、〈泥沼に関係をこじらせてしまい〉、そのまま別れてしまったという点です。

夫の浮気が発覚したようなケースだと、当然妻側は怒りますし、怒るのは当然です。ただ、あまりにも激しく罵っていると、結果として夫の方も「そんなこと言ったって、お前こそ」といったような反論をはじめます。そうすると、「逆ギレされた！」と妻側もさらにヒートアップし、まったく手が付けられないほどに憎しみ合ってしまいます。そしてそのまま、とりあえず離婚だけして、「さあ色々と請求してやるぞ！沢山払わせてやる！」と勇んで相談にいらっしゃる方はとても多いです。

たしかに、浮気をされ離婚となった以上、妻側には離婚慰謝料を請求する権利があります。また、子どもがいれば養育費を請求する権利もあります。しかし、意識してほしいのは、権利があることと、実際に払ってもらえることは、違うということです。そして、「絶対に払わない！」と腹を決めた人からお金を取るのは本当に大変なんです。

少し具体的に説明をします。ここまで怒鳴りあって罵りあっていがみあってしまうと、夫の中にある妻への気持ちは、もはや最初にあった「申し訳ない」ではなく「憎しみ」になってしまい「あんな奴に払う金は無い！」とすら考えてしまいます。このような状態で慰謝料や養育費の請求をしても、まともな話し合いなどできません。特に夫側は、今後は一方的にお金（慰謝料や養育費など）を取られる立場になるわけですから、妻側からの連絡に誠実に対応しても何もいいことはありません。しかも、既に離婚後ですから、無視して相手がどう思おうと知ったことではありません。そのため、多くの夫は、妻側からの連絡を無視するでしょう。

とはいえ、妻側もそのまま引き下がるわけにはいきません。自分で連絡をして、まともに取り合ってもらえないようであれば、弁護士に依頼し、調停や裁判をすることが必要になってきます。弁護士へ依頼をすれば、当然、弁護士費用がかかってしまいます。しかし、弁護士に依頼をすると即座に解決するかというとそんなことはなくて、相手が頑なであればあるほど、解決までに長い時間がかかってしまいます。

弁護士が送った内容証明郵便であっても、無視する人は無視します。調停を申立てても、一回目の期日までには一か月半程度はかかります。やっときた一回目の期日に、もし相手が来なかったとしても、相手に罰則などはありません（制度上は五万円以下の過料があるのですが、実際に科されることはまずありません）。相手が来ないと、裁判所は相手へ「次回期日は必ず来てください」と電話をかけたりして促しますが、来る保証はありません。しかも、この次回期日が入るのも、一回目の期日のさらに一ヶ月以上先です。このように、調停を申立てても、何も話が進まないまま数か月の期間が経過することだってあります。弁護士に依頼し、手続きを全てやってもらっても、「自分について訴訟や調停が継続している」という状態は、それだけで大きな精神的負担です。早期解決はとても重要で、そのためにも双方の感情をこじらせてしまうのは良いことでないのです。最悪のケースだと、夫側から最後に喧嘩別れした時のことを持ち出されて、「侮辱的な発言を受けたから、自分だって慰謝料を請求する！」と言い出されてしまったりすることもあります。そうなると、また審理に時間がかかってきますし、まさに泥沼状況です。

さらに、「絶対に払いたくない！」と意地になっている人は、財産隠しだってするかもしれません。隠された財産を探すのはとても大変ですし、見つからなければ、慰謝料を支払ってもらう権利があっても、絵に描いた餅で、実際に回収することはできません。

このように、「絶対に払わない！」と腹を決めた人からお金を取るのは本当に大変です。もちろん、浮気をされれば怒るのはもっともですし、怒ることが悪いとは言いません。しかし、感情を優先させ、一線を越えて罵りあってしまうと、経済的にも、時間的にも、あまり良いことはないのです。ぐっとこらえて割り切って、粛々と淡々と決めることを決めていってしまった方が、結果的に相手も協力をしてくれたりします。その方が、経済的にもずっと得ですし、時間も短く済み、精神的な負担もずっと軽く済みます。

本ケースのAさんは、不貞行為をされ、心を傷つけられた被害者です。現在、日本の法制度のもとでは、心を傷つけられた、という被害もお金に換算されます。裁判所は、Aさんの心の傷はお金に換算するといくらなのか判断し、それを慰謝料として認定するのです。しかし、日本の裁判所では、この心の傷というのはとても安く認定されてしまうのが実情です。例えば人が一人死んでもそれによる心の傷は二〇〇〇万円程度とされてしまうことがあります。命ですら二〇〇〇万円ですから、浮気による心の傷はせいぜい五〇万円～三〇〇万円程度しか認めてもらえません。これが大金か端金かは人によるでしょう。しかし、五〇万円分の心の傷のために、仕事を休んで弁護士に相談しに行って、弁護士に払うお金が生じて、裁判をして、長い期間心理的な負担を抱えてとなると、精神的のみならず経済的にも相当な負担なのではないかと私は思います。

■円満離婚だとどう変わる?

円満に離婚していれば、あとから決めることが出てきても、一定程度相手の協力を得ることができます。そのため、離婚時に何も決めていなくても、後から決めればいいだけのことであり、デメリットは大きくありません。相手が素直に応じてくれれば、裁判所での手続きを踏むことも、弁護士に相談することもなく、あっという間に解決する可能性は十分にあります。

言いたいことが沢山あるという気持ちは、とてもよく分かります。しかし、一時の感情に支配されて後で大きな苦労を強いられるより、ここはぐっと堪え、気持ちを切り替えてなるべく円満にやっていった方がずっと良いことが多いです。そして、このように気持ちを割り切ることが上手くできるのも、また女性の特技であろうと私は思います。このように、先々のことを考えると、やはり私は円満離婚をオススメします。

ケース2：決めたけど実行してもらえない

◆Bさん（四十代・女性）からの相談

結婚十五年目、夫の浮気が発覚しました。

慰謝料と養育費として、月額八万円を支払うと約束をしてもらったのですが、口約束だけだと不安だったので、一筆書いてもらいました。

離婚後最初はきちんと支払ってくれていたのですが、半年頃から支払いが滞り始め、その後全く支払いが無くなってしまいました。催促のため携帯電話に電話をしたところ、なんと繋がらなくなっていました。最後まで不誠実で本当に腹が立ちました。どうにか回収してください。

■何が悪かったの？

次はよくあるパターンの二つ目、「決めたけど実行してもらえない」というパターンです。

このパターンの方の多くは「一筆書かせてやったぞ！」と安心してしまいます。しかし、実は決めた内容についての「実効性の確保」という点が全く意識されていなくて、自己満足に終わってしまっていることが多いのです。もちろん、中には口約束だけでも誠実に支払い続けてくれる人もいます。でも、特にお子様がまだ小さいころの養育費の支払合意などは、今後十年以上にわたり実行されていくものです。十年という長い間に何があるか分かりません。もしかしたら、数年後、相手に再婚の話しが出るかもしれませんし、その再婚相手の女性から前妻への支払いなんてダメだと反対されてしまうかもしれません。

万が一支払われなくなったとき、嫌な思いをするのは自分であり、辛い思いをするのは子どもです。そのため、実効性の確保は絶対に必要です。

私が相談を受けたケースでも、相談者の方は、「慰謝料と養育費として月額八万円を支払う」と覚書を作成し、実印での押印までもらい、すっかり安心していました。そして、最初は支払われていましたが、一年ほどしてから支払いが滞りはじめました。はじめのうちは催促の電話をすると遅れながら振り込まれていたのですが、次第に携帯電話もつながらなくなってしまい、どうしようもならなくなり、離婚から二年後に「差し押さえか何かで回収してください！」と相談にいらっしゃいました。

しかし、「離婚してすっきりして、もう他人になったのだから、相手のことを知っている必要はないと思っていた」とのことで、携帯電話の他には、勤め先や住所などの相手の情報を、何もご存知なかったのです。

そもそも、差押えを行うためには、判決や調停調書などの「債務名義」が必要です。何であれば債務名義になるかは、法律で決められており、単なる覚書はこれにあたりません。したがって、覚書では差押えはできません。また、債務名義を得るために調停を申立てようとしても、調停を申立てるためには、原則として相手となる人の住所が分かっている必要があります。そのため、相手の住所の確定が必要で、まずはその調査から始めなくてはならず、その分、訴訟提起や調停申立てが遅くなってしまいます。もっといえば、支払いが滞っても、催促をすれば支払ってくれるパターンも意外にあるのです。そのため、連絡が取れなかったらどのように催促するのか、というところも考えておくことが大事です。

前述のとおり、何が債務名義にあたるかは法律で定められており（民事執行法二十二条各号）、判決、審判書、調停調書、公正証書などがこれにあたります。この中で、公正証書だけは裁判所の関与無く当事者同士で作ることができます。そのため、強制執行を意識するのであれば、ちゃんと公正証書を作成しておく必要があります。また、自分たちで作った書面だと、「失くした」「俺の字じゃない」「無理矢理書かされた」などと言いがかりを付けられてしまう可能性があります。しかし、公正証書であれば、本人の意思に基づいて作成したものであることを公証役場で証明してもらうことができます。後から言いがかりを付けられそうな相手であればあるほど、手間を惜しまず公正証書を作りましょう。

なお、債務名義に基づいて銀行口座の差し押さえなどを行う場合、銀行名及び、支店名までわからないと差押えができません。さらに、銀行口座のお金は差押えをしていけばいつかは無くなってしまうので、長期的な差押え先としては給与がベストです。そのため、離婚前には、夫の勤務先（転勤予定がないかを含む）はもちろん、夫がどこの銀行のどの支店を使用しているのかも確認しておくのがベターです。

Bさんのようなご相談を受けた場合、弁護士であれば、すぐにうまく解決ができるかというと、そうでもありません。後から回収にこぎつけるのは大変、ということをご理解いただくため、ここで、弁護士へご依頼いただいた場合の一般的な流れをご紹介させていただきます。

まず、連絡先の調査ですが、弁護士は本籍などいくつかの情報がわかっていれば、住民票や戸籍などを取得することができます。そのため、現在の住所地は一～二週間ほどあれば判明するでしょう。次に、この判明した住所に宛てて、支払催促の内容証明郵便を送ります。しかし、内容証明郵便を出しても返事がなく、そのまま支払ってくれないことはよくあります。電話番号が分かれば、弁護士から直接電話をかけたりもします。多くの場合、最初の一回目は電話に出てくれます。しかし、支払いを求めても、「わかりました」と言ってくれればいい方です。「今お金ないので。本当にすいません。」などと言って電話を切られてしまい、その後は着信拒否されてしまうということもままあります。

これからの手続きは、慰謝料か養育費かで少し違うのですが、例えば慰謝料の場合であれば、支払いを請求する訴訟を提起します。訴訟を提起すると、裁判所から、第一回期日を決めるための日程調整の連絡がきます。ここで決められる期日は、だいたい提起から一ヶ月半くらい後です。こうして期日の日時が決まると、裁判所から相手に対し訴状等が送達されるのですが、だらしのない人だと受け取ってくれなかったりもします。そうすると裁判所から弁護士へ「相手の方が本当にそこに住んでいるのか調査してください。」と連絡が来て、弁護士が日程調整のうえ、現地へ行って様子を見たり写真を撮ったりして、確かにそこに住んでいることを確認します。そして、この写真などを添えて裁判所への報告書を作成し、提出して、改めて裁判所からその住所へ再送達をしてもらうのです。うまくこの送達が相手に届けば、やっと訴訟が裁判所に係属します。また、あらかじめ決めた期日の数日前までに送達ができていないければ、期日は延期され、より先の日時を再度指定されます。

もうお気づきかもしれませんが、そうこうしていると、ご相談から裁判の日まで、あっという間に三〜四ヶ月が経過してしまうのです。ここから裁判所での審理が始まり、判決が出るまでまた何か月もかかります。さらに、時間と労力をかけてやっとのことで判決を得ても、「払わなきゃいけないのは分かったけど、お金がないから支払えません。」と言われてしまえば、財産を調査したり、強制執行をしたりと、また回収のために労を割かなくてはなりません。このように、弁護士へ依頼をしても、回収まで相当長期の時間を要することがあり、また、それでも絶対に回収できるとは限らないのです。

■円満離婚だとどう変わる？

養育費の支払いや面会交流等、離婚しても相手との関係は切っても切れません。そのため、「きれいさっぱり縁を切る」のではなく、前向きな関係が築けるよう円満に離婚をするのがオススメです。そうすれば、もしも公正証書を作り損なってしまっていたとしても、連絡先が分からないということはないでしょうし、訴訟等を提起するまでもなくきちんと安定して支払いを継続してもらえる可能性もずっと高いです。支払いが滞ってしまう一番の原因は、心の奥底で「支払わされている」と思っているからです。

養育費を支払うことは、父親として子育てに関与する一つのかたちです。「可愛い子どものためにぜひ支払いたい」と思ってもらえれば、支払いが滞る危険なんてなくなります。もちろんそうなるためには、定期的に面会交流を実施したり、写真などの成長記録を送ってあげたりなど、お母さん側の努力も必要です。

また、「お父さんが自分のために養育費を支払ってくれている」ということは、子どもにとっても、父親の愛情を感じられる事由の一つです。そして、そのようなことの積み重ねは、ひいては子ども自身の自己肯定感の育成にもつながります。約束通りの支払いが続くか、心配しヤキモキしながら長い時間を過ごすより、円満離婚し、子どもにも父親の愛情を感じてもらいながら成長してもらえるほうがずっと前向きです。

ケース：3　子どもの本心に目を向けていない

◆Cさん（三十代・女性）からの相談

夫の浪費癖が原因で離婚しました。

離婚時、当時一歳だった娘の親権は私がもらいました。

一年ほど経ち、最近、父親側から子どもに面会したいと言われています。

当時子どもはまだ小さかったので、幸い父親の記憶はあまり無いようで何も父親のことを言いません。覚えていないのなら、このまま「お父さんはいない」ということにしておいた方が子どものためだと思っています。

それに、家庭を壊した最低の父親なので、私自身も会わせたくありません

■何が悪かったの？

よくあるパターンの三つ目は、「子どもを父親に二度と絶対会わせないのが子どものため」

と思っているパターンです。特に、夫が原因で離婚に至った場合に多く、例えば夫の浮気が原因で離婚に至っていた場合には、夫は「家族を裏切った最低の父親」であり、そんな悪い奴を子どもに会わせてげる必要はない、と思い面会を頑なに拒否していることも多いです。

こんなときによく陥ってしまう失敗が、「子どもの気持ちを考えてあげているつもりになってしまう」ということです。どんな親でも子どもにとっては大事な親であり、親に会いたくないと考えている子どもはほとんどいません。

父親から子への面会を求められて相談に来るお母さんは、多くの方が「子どもも会いたくなって言っています。」「子どもは父親がいない今の生活状況で安定してきているので、今会わせて精神的に動揺させるのは逆に良くないと思います。」「もっと大きくなって、物がわかるようになってからであれば会わせてもいいと思ってますけど、今はとにかく会わせないいのが子どものためだと思うんです。」とおっしゃいます。みなさん、一生懸命子どものことを考え、子どものためと思って、そうおっしゃいます。

しかし、程度の差はあれ、子どもは同居親へ同調してしまいがちです。子どもは親の顔色をうかがうので、まだ小さく「離婚」というものが分かっていなくても、なんとなく「お父さんとお母さんは喧嘩をしたみたいだ」「お母さんはお父さんを嫌いになったみたいだ」というような空気を感じ取ります。そして、今自分が置かれた「自分はお母さんと一緒に暮らし、お父さんとは別で暮らしている」という状況から、近くにいるお母さんを嫌な気持ちにさせたくないと思い、父親のことを話さなくなったり、「会いたくない。」と言うようになります。

特に、お母さんが子どもの前でお父さんと喧嘩をしていた場合や、悪口を言っていた場合には、この傾向が強く出ます。そして、「父親に会わせたくない」と思っているお母さんが、こんな様子の子どもを見ると、ついつい「やっぱり会わせないのが子どものため！」と思ってしまいがちです。さらに、お母さん本人は、子どものお母さんに気を遣って行った発言を子どもの本心だと思って「自分は子どもの気持ちを尊重している」と思ってしまっているところも問題です。

そのため、子どもが父親について否定的な発言をしても、それが本心なのか、改めて注意深く観察するようにしてみてください。例えば、子どもが父親に会いたくないと言った場合でも、まずは自分が子どもの前で父親の悪口を言ってしまっていないか、子どもの「会いたくない」という回答を期待して、「パパに会いたい？会いたくないいね？」というような聞き方をしていないか、考えてみてください。そんなことされてしまえば、子どもは「会いたくない。」としか言えません。いくら聞いても「会いたくない。」といった場合でも、理由を聞いて「何となく」とか、「嫌だから」としか言わないような場合には、試しに一度会わせてみてください。思いもよらない子どもの笑顔が見れるかもしれません。

子どもの成長において、愛情は、大きさも大切ですが、数も大切です。一人でも多くの大人に愛されていると実感することが、心身の健やかな発達に大きく寄与します。お母さんの、「父親の分も自分がたくさん子どもを愛す」という気持ちはもちろん大切なものですが、子どものためを思うのであれば、もう一人の親であるお父さんへも、会わせてあげてください。

また、頑なに面会を拒否された父親が、どうしても子どもに会いたいと思った場合、残された手段は実力行使しかありません。そのため、頑なな面会の拒否は、父親による子の連れ去りの危険性も高めてしまいます。

実際に、依頼者の方でも、面会を拒否していたら、父親が子どものストーカーのようになってしまった例はたくさんあります。私がご相談を受けたケースを紹介すると、あるお母さんは、父親に教えていないはずの子どもの野球の練習試合に、父親が来ていたということがあったそうです。お母さんはいつも野球の練習に付き添っているわけではなかったので、「自分がいないときも来ていたのだろうか」と考え、ゾッとしたといいます。その後父親側に「来ないでください」と言ったそうですが、「長いこと会わせてもらえず、これ以上我慢できないので行かせてもらう。見に行くことを止める権利は無いだろう」と言われてしまったそうです。

こういうケースがあると、お母さんたちが子どもの連れ去りの危険性に怯えながら生活することになってしまうのは言うまでもありません。そうなるくらいなら、きちんと面会交流の機会を認めたほうが、双方のためです。

とはいえ、子どもに対してDVがあったなどの理由があるのであれば、話は別です。子どもに危害が及ぶ可能性や、子どもが本当に怖がっている場合などには、会わせないのも必要な選択肢です。

面会交流に関しては、日程調整や子の引渡し等を手伝ってくれる面会交流機関というものがあります。離婚したばかりでまだ気持ち的に連絡を取る気になれないとか、子の引渡しのための一瞬ですら会いたくない！というような場合には、これらの機関に協力をお願いして、親同士が接触を持たないで済むような方法で面会をしてみることも検討してみてください。ただし、面会交流機関の利用にはそれなりのお金も必要なので、要注意です。

■円満離婚だとどう変わる？

「父親に子どもを会わせたくない」と思ってしまう一番多い原因は、お母さんがお父さんをとてもとても憎んでいることです。そのため、円満離婚だと、多くの場合面会交流もスムーズに行われています。面会交流機関を利用する必要もないので、不要な出費も省けます。

また、面会交流は、父親が子の成長を実感することができるので、「父親としての自覚」を持ってもらうためにもとても有用です。父親としての自覚をきちんと持ってもらうことは、養育費等の未払いを防ぐためにもとても大事です。さらに、子育ては長期戦なので、決めるべきことを決め、やるべきことをやり、「あとは一人で育てていく！」と思っていても、どうしても父親に協力を仰がなければならないときが出てきます。たとえば「子どもが私立高校に進学することになって、臨時の出費が必要だ」「交通事故にあってしまって、臨時の出費が必要だ」というとき、円満離婚で父母双方の関係も悪くは無く、また、面会交流の継続実施により父親としての自覚もきちんと培われていれば、任意に負担してくれることが多いです。

●コラム

子どもの言葉はどこまで本心なのか

はじめに自己紹介にかえてお話しさせていただいたとおり、私の両親は私が幼い頃に離婚をしました。私が両親の離婚の事実を母から聞いたのは、私が大人になってからです。この頃には、お酒も飲めるようになって、色々な恋愛経験もして、交際相手との「別れ」というものも何度か経験した後でした。

しかし、それでも、聞かされたときはそれなりにショックを受けました。本心では、「やだやだ、離婚なんて絶対やだ！今からでもやり直してよ、お願い！」と思っていたのですが、言えませんでした。無理して笑顔を作り、「ああ、そうなんだ。全然全然大丈夫。お父さんは単身赴任って聞いてたし、もともといつも家にいなかったし。お父さんなんていてもいなくても同じじゃん。全然平気だよ。私大人だから。」と強がってしまいました。そのうえ、、母の前で父を少しおとしめるような言い方をしてしまいました。

この当時、私にとって一番大切なのは、一緒に暮らす母でした。そして、おそらく母はこの時私から「嫌だ」と言われたらどうしよう…と心配していたと思います。当時、ここまで深くは考えていませんでしたが、私はほぼ反射的に咄嗟に嘘をつきました。そして、その後も数年間、この時に本心が言えなかった自分を責めていました。このようなことを、大人でもしてしまうのだから、幼い子どもがしないわけがない訳がありません。

子どもは、親が大好きだからこそ、親が悲しむことは反射的に避けてしまうのです。だから、子どもの言葉を全て本心とは思わないで下さい。このことは、離婚を考えている方には本当に分かっていて欲しいです。

第四章
ケース別Q&A
私が見た離婚事件簿

最近、離婚が身近になってきて、インターネット上では離婚に関する情報があふれています。しかし、中には不正確な情報もありますし、情報が多すぎでごちゃごちゃしてしまい、誤解を生じてしまっていることも多いです。

本章では、それらを整理し、離婚にまつわるよくある質問や、勘違いなどついて、実際に多い相談事例を踏まえて紹介したいと思います。

◎ケース：1

結婚前に言っていたことが全然違った！　当然慰謝料は発生しますよね？

《ご相談内容》

結婚前に夫からは「家事は分担すればいい。趣味などの自分の時間を大切にしてほしい」と言われていました。それに夫の年収は一千万円あり、貯金もきちんとしていると聞いていました。それなのに、実際に結婚してみたら、家事は全部私任せで、私の仕事が終わらず、帰りが遅くなって夕食が作れないと怒られます。しかも夫の本当の給料は手取りで月に三十万ぐらいなのに飲み歩いてくることも多く、貯金はほとんどありません。こんなの結婚詐欺も同然ですし、離婚すれば当然慰謝料を請求できますよね。

《回答》

慰謝料は発生しませんし、離婚自体も困難です。

《解説》

最近、ニュースやドラマなどで「結婚詐欺」という言葉を聞くことも多く、そのためもあってか、「これは結婚詐欺だ！慰謝料を請求する！」と相談にいらっしゃる方も多いです。しかし、法的に「詐欺」と主張するためのハードルはなかなか高く、だましてお金を取られていた場合など、犯罪にあたるようなものでないと詐欺とはいえません。

たとえば、結婚したいと思っている女性がいる場合に、見栄を張って高級レストランに連れて行ったり、高収入かのように話してしまうことは、それこそ口説く中ではよくあることなのではないでしょうか。もちろん良いことではないですし、嘘は悪いのですが、だからと言って詐欺にはならないのです。

法律上、慰謝料を請求するためには、自身の権利又は法律上保護される利益を侵害されたことが必要です。相手の言っていたことを信じて結婚してしまったというだけでは、これらが侵害されたとは言えないのです。したがって、慰謝料は請求できません。

さらに、このようなケースでは法定離婚事由にもまずあたらないので、相手が同意してくれない限り、離婚はできません。また、離婚慰謝料は、法定離婚事由に該当するような事情がない限り発生しないことがほとんどなので、離婚に伴う慰謝料も発生しません。ただし、これはあくまでも裁判所で争った場合の結論なので、双方で合意ができるのであれば、慰謝料を支払ってもらっても問題ないし、もちろん離婚することもできます。

◎ケース：2

浮気をして離婚の原因を作った母親が、親権をとれることはないですよね？

《ご相談内容》

浮気をしてしまい、夫と別れることになりました。

夫との間に三歳の子どもがいるのですが、双方親権の獲得を希望しています。

しかし、夫から、「他に男を作るような最低な母親に子どもを任せることはできない！しかも専業主婦で稼ぎもないくせに、どうやって育てていく気なんだ。そんな母親に、裁判所だって親権を認めるはずがない。」と言われてしまいました。

親権を取るのは母親の方が多いと聞きましたが、我が家の場合、私に親権が認められることはないのでしょうか。

《回答》
親権は母親に認められる可能性が高いです。

《解説》
裁判所が、両親のどちらに親権を持たせるかを決める際、特に低年齢の子については「母性優先の原則」が働きます。この「母性優先の原則」とは、「低年齢の子については一般的に母親に監護させるのが、その子の福祉にかなうため、母親に親権を認めるべき」という考え方で、裁判所内でも多くこの考え方が取り入れられています。実際に審判の結果では、九〇%が母親の親権を認めています。

誤解している方も多いのですが、妻の不貞行為は、夫に対する裏切りではありますが、それがすなわち子どもに対する害悪となるわけではありません。そのため、不貞行為の有無は、親権獲得上は、ほとんど考慮されないのです。

ただし、不貞行為だけにとどまらず、相手の男性を頻繁に変えて子どもにも会わせたり、浮気相手との関係を優先して育児放棄をするなど、子の心身発達上悪影響を及ぼすような言動があれば、このような事情は、親権者を決めるにあたっても考慮されることになります。

裁判所で親権が決められる際、裁判所は子が十五歳以上であれば子の意見を聞くことが法律上義務付けられており、裁判所の調査官が、子どもと二人きりで話をし、気持ちなどを聞いていきます。この場合、裁判所は子どもの意見に絶対に縛られるわけではないのですが、ほとんどの場合、子どもの希望した方の親が親権者となります。

十四歳以下の小さな子どもであっても、子どもの意見は聞かれることが多いです。ただし、小さな頃は自分の意見が正直に言えているとは限りませんし、同居親の影響を受けてしまっていることも多いので、子どもの希望した方の親が親権者になることが多くなってくる年齢としては、大体十歳前後が目安となります。とはいえ、この頃の子どもの成熟度合には個人差がすごく大きいので、子の意見が取り入れられる年齢はその時々、時代に応じて変わり、一概に何歳と言うことはできません。児童心理などを学んだ専門家である裁判所調査官が、子どもと話しをする中で、専門家の目から見て、この子はほんとに真摯な意見を言えているのかどうかを判断し、真摯な意見であると判断された場合は、子どもの意見を優先することが多いです。

◎ケース：3

DV夫にも会わせるべき？

《ご相談内容》

離婚した元夫から、子どもに会いたいと連絡がきました。

でも、離婚の原因は夫の家庭内暴力で、幸せだった家庭を壊した最低の父親です。

子どもに対して暴力を振るうことはなかったのですが、子どもが見ている前でも私に暴力を振るうことはあったので、怖い思いをしていたと思います。

こんな父親には会わせなくてもいいでしょうか。

《回答》

できるだけ会わせてあげてください。

《解説》

どんな親でも子どもにとっては唯一の大事な父親ですし、より多くの大人に愛されているということを実感することは、子の心身の成長においても大事なことです。そのため、子どもに対して手を出す恐れがないのであれば、会わせてあげてください。もし、お母さんが子どもを引渡す時に直接会うことになるのが怖ければ、日程調整、引渡し、面会への付き添いをお母さんの代わりに行ってくれる面会交流機関などもあります。これらの機関の援助なども受けながら、できるだけ面会を実施してみてください。

とはいえ、子どもが暴力の現場に立ち会っていたような場合には、子どもが怖がって会うことを嫌がる場合もありますし、それが本心のようであれば、無理強いはさせないでくださ い。反対に「怖いから会いたくない。」と言われたとしても、それを鵜呑みにするべきではなくて、本当に会いたくないのか、母親に気を使っているからなのではないかというのは注意深く確認が必要です。

子どもは、母親が手を出されている場面を見れば、怖がるのはもちろんですが、それによって母親が父親に対して嫌な感情を持っているというのももちろん察しているはずです。そして、一緒に住む大好きなお母さんに嫌な思いをさせまいと、子どもなりに気を使って「会いたくない。」と言っている可能性も十分あります。

さらに、かつて子どもにも手を挙げていたような場合には、子どもの心のケアにも気を配りながらの注意深い判断が必要となります。子どもが面会を希望するなら、面会交流機関を使用し面会時に第三者に付き添ってもらうなど安全な方法で実施をしてみて、少しずつ慣らしていくのが良いでしょう。何が何でもずっと会わせないというのは、やはりよくありません。面会交流機関についてはケース5で詳しくご紹介します。

なお、夫がかつて自身や子に暴力を振るっており、離婚した現在でも暴力が続いている場合、またその危険性が高いような場合には、裁判所に「保護命令」を出してもらい、一定期間会うことなどを禁止する「接近禁止」を命じてもらう、という方法もあります。

そうすると、面会を求められても堂々と拒否できるのはもちろん、待ち伏せなどで無理やり会われたような場合には、警察へ通報し、逮捕等を求めることもできます。

しかし、この保護命令の期間は基本的に半年だけです。これは、保護命令が、対象者を命令の効力によってずっと保護していくことを想定した制度ではなく、半年等の一定期間内に、離れた状態で新しい生活環境を作り自立していくことを目指すものだからです。必要な場合には、早めに弁護士に相談してみることをオススメします。

◎ケース：4
相手の祖父母にも会わせるべき？

《ご相談内容》

離婚した元夫の両親から子に会わせてほしいといわれています。

祖父母からは、面会交流権があるのだから、自分たちにも会う権利があるはずだと言われたのですが、会わせなくてはいけないのでしょうか。
元夫からは両親に会わせないと、養育費の支払いを止めると脅されています。

《回答》
祖父母に会わせる義務はありません

《解説》
面会交流権は「親が子に」「子が親に」会う権利であり、祖父母に同様の権利はありません。そのため、祖父母に面会交流を求められても、これに応じる義務はありません。とはいえ、子どもの精神的な発達を考えれば、ある程度の範囲では、会わせてあげたほうがいいことが多いです。
繰り返しになりますが、子どもがたくさんの大人に愛されていると実感することは、心の成長にとってとても重要なことです。祖父母があなたの悪口を吹き込むなどするのであれば別ですが、純粋に「孫に会いたい」という気持ちで面会を求めているのであれば、無理のない範囲で会わせてあげたほうがいいと思います。もちろん、過度なプレゼントを渡して子どもを物で釣ろうとしたり、帰さなくなるようでは困るので、「プレゼントはなし」「何時までには帰す」とあらかじめルールを決め実施し、少しづつ慣らしていくのが良いでしょう。

なお、質問の中では、「元夫からは両親に会わせないと、養育費の支払いを止めると脅されています」という事情も書かれています。しかし、養育費の支払いは親であるという事実から発生する義務であり、面会交流ができていなくてもなくなることはありません。そのため、親自身が会えなくても支払う義務があり、当然、祖父母が会えないからといって支払い義務がなくなることもありません。

したがって、「会わせてもらえないなら支払わない。」という理由で養育費の支払いが止められてしまったような場合でも、養育費の請求はできますし、調停調書、公正証書などがあれば、給与の差押え等の強制執行で回収することが可能です。

◎ケース：5

連れ去りが不安なので会わせたくない。

《ご相談内容》

夫から子どもへの面会を求められました。

もともと夫は、子どもの親権は自分のものにして自分が育てたいと希望していたので、面会時には連れ去りの危険もあるのではないかと不安です。

会わせなくてはいけないでしょうか。

《回答》

面会交流機関をうまく使用するなどして試行を繰り返してみてください。

《解説》

面会交流権は「親が子に」「子が親に」会う権利なので、子の健全な発達を阻害するような特別な事情がない限り、別居親から求められた場合には行うべきです。ただし、連れ去りの危険がある中で会わせるのは、もちろん同居している親側にとっても不安ですし、連れ去りと連れ戻しを繰り返して子どもの居所がコロコロ変わったりすると、子どもも動揺してしまいます。そのため、連れ去りの危険をできるだけ排除したうえで、面会を実施するのがベストですが、当事者だけではなかなか難しいです。

このような場合にオススメなのが、面会交流機関です。面会交流機関とは、公益社団法人や、一般社団法人などが運営している、親子の面会を実現するための様々な援助をしてくれる機関です。

受けられる援助の内容は利用する団体によって異なりますが、多くは①面会交流のための日程調整の連絡②子の引渡し③面会交流実施時の付き添いなどを行ってくれます。

①②③いずれの援助をどの程度受けるかは、自由に選ぶことができ、例えば、連絡を取るのは嫌というような場合であれば①②③を、形式的な連絡を取るのはいいが顔はまだ合わせたく

ないということであれば②を、連れ去りや、面会時の子への暴力や不適切発言、連れ去りなどが心配ということであれば③を、依頼することになります。

問題なく面会交流を実施したという実績を積み重ねていけば、不安も薄れていくでしょう。面会交流機関をうまく利用し、信頼ができるようになったら別の方法で会ってみるなど、いろいろな方法で試してみるのが良いのではないかと思います。

【FPICってどんなところ？】

面会交流機関として一番有名なのは、公益社団法人家庭問題情報センター、通称FPIC（エフピック）です。面会交流の実施については、不安を抱えているお母さんが多く、またFPICについては質問を受けることも多いので、この場を借りて、少し紹介したいと思います。

FPICがどんなところかというと、もともとは、家庭紛争の調整や非行少年の指導に長年携わってきた家庭裁判所の調査官やそのOB、OGが、裁判所の勤務で得た経験・知識や、子どもと触れ合うための技法などを生かして健全な家庭生活実現に貢献することを目的として設立された公益社団法人です。そして、その活動の一環として面会交流の支援を行っています。ＦＰＩＣは、全国各地に相談室が設置されていて、相談室には基本的に児童室も併置されています。

児童室にはおもちゃやゲームがあったりなど子どもが遊ぶ設備が整っているので、面会交流がうまくできるか、その場所を使って試しに行ってみるということもできます。

ＦＰＩＣでの面会交流の支援方法は三つあり、どの支援を受けるかは利用者が選ぶことができます。一つ目は「付添い型」です。別居親と子どもが会う間、ＦＰＩＣの職員で面会交流の援助をしてくれる援助者という人がずっと付き添ってくれます。児童室で二人で遊ぶならばもちろん、外出する時にもずっと付き添ってくれます。例えば電車に乗る時や遊園地に行く時も、その料金を親側で負担すれば、その中にも付いてきてくれます。

もちろん、連れ去りの危険がないか、親から子に対する不適切な言動がないか、そういったことにも目を光らせていてくれます。そのため、連れ去りの危険性を防いでくれることはもちろん、同居している親の目を離れたところで子どもに悪口を吹き込んだりとか、子どもから色々な情報を引き出そうとしていないなどの不適切な言動についても「それは止めてください」ときちんと止めてくれます。そういった意味で「付き添い型」は一番目の光らせ方が強い支援形態になります。

二つ目が「受け渡し型」というものです。ずっとべったりくっついて行く必要はないが、子どもを受け渡す時に親同士が顔を合わせるのは避けたいという時に、受け渡しだけを代行してくれます。

同居している親が先に最寄りの相談室に行って、子どもを援助者に預けて、時間をずらして別居している親が来て、子どもを受け取って所定の時間一緒に行動して、また子ども相談室へ戻してもらい、その後に同居している親が子どもを受け取りに行く、というような流れになります。

文字通りの、子の「受け渡し」の代行のみですが、顔を合わせることで言い争いになってしまうとか、かつてDVを受けていたため会うことへの恐怖心が強いような場合に、有用です。

三つ目が「連絡調整型」というもので、日程調整のための連絡の取り合いをしてくれます。一瞬顔合わせるくらいはいいが、定期的に連絡を取り合い、いつなら空いてるというようなやり取りを続けてるのは、嫌だなという場合に、その支援をしてくれます。

多くは「付添い型」から入って、「付添い型」で問題なく面会が実施できることが確認できた場合には「受け渡し型」へ移行し、それでもっとうまくいくようになってきたら「連絡調整型」だけに移行し、最終的にはＦＰＩＣの支援が無くても円滑な面会交流ができるように、双方の親と子の信頼関係を築いていこうという方向性で支援をしてくれます。

金額は、「付添い型」は一回一万五千円から二万円、「受け渡し型」は一万円から一万五千円、「連絡調整型」は三千円とされています。ただこれは基本で、例えば子どもの人数や性格によって異なってきます。

例えば、付添い型の場合、普通、子ども二人ぐらいまでであれば援助者一人で見ることができますが、とても腕白《わんぱく》な男の子二人であれば、援助者が二人必要なこともあるでしょう。そのため、具体的な費用を知るためには、実際に相談に行って話しをしてみる必要があります。

ＦＰＩＣを利用する際には、双方の親が事前にＦＰＩＣに面談に行く必要があります。また、ＦＰＩＣを利用するにあたっては、いくつかのルールが定められています。「別居親が来た時にタバコとかお酒の匂いがしたら会わせない」「写真も静止画数枚まで。動画はダメ」など、面会をさせる親としては安心できるものが多いです。諸々のルールを守ることに両親双方が同意し、双方がＦＰＩＣと契約をして、初めてＦＰＩＣの援助が受けられるようになります。

ちなみに、裁判所にも同じように児童室、面談室があり、裁判所で面会交流調停をする場合には、そこで試行面接をすることもできます。裁判所で面会交流調停をする場合には、児童心理学の専門家である裁判所調査官が、お母さんの話を聞き、お父さんの話を聞き、子どもの話も聞き、面会の試行に問題がないかを判断します。

そして、問題がなさそうであれば、裁判所の中の児童室で面会が実施されます。調査官は面会に立ち会いますが、同居親は立ち会うことはできず、隣室などで待つことになります。面会室と隣室にはマジックミラーのような設備もあり、面会の様子を見ることができる場合もあります。

裁判所での試行の場合、この部屋を使用するため外で面会することなどはできませんが、試行のための費用はかからないうえに裁判所内ということで安心感もあるため、最初はこちらもオススメです。

●コラム

援助者の「三時間以上は疲れちゃうから無理」という言葉の意味

余談ですが、以前私が依頼者と共にFPICの事前相談へ行った際、援助者の方が「付添い型」について「三時間以上は疲れてしまうから無理よ」と言っていたことがありました。確かに、付添い型の場合は、一回の時間は三時間以内と決められているのですが、私は、より多くの人にサービスを利用してもらうために時間制限を設けているのだと思っていました。そのため、「疲れてしまう」という言葉を聞いた時には、「面倒くさい」と言われたような、マイナスの意味で捉えてしまいました。

しかし、きちんと話を聞いてみると、付添い型の際、援助者は、子どもの逃げ道を確保するために、子どもから一瞬も目を離さないそうです。これは、連れ去りの危険に備えるという理由ももちろんですが、それ以上に、子どもからの一瞬のSOSを逃さないためだといいます。もう少し詳しく説明すると、面会の前には、あらかじめ児童室で子どもと援助者が一緒に遊び、子どもと援助者の間に信頼関係を作るようにしているそうです。このように信頼関係を作った上で付添いを実施すると、子どもは、面会中に不安に思ったり、逃げたいと思うようなことがあった際、援助者の方をチラッと見るようになるといいます。そして、この一瞬のタイミングで目が合わないと、子どもは逃げて来られないし、その後も助けを求めにくくなってしまいます。だからこそ、子どもが視線を向けてくれたときに目が合うように、一瞬も子どもから目線を離さないというのです。そのくらいの集中力で子どもを見ているのは三時間が限界という理由で、面会時間は三時間を上限にしているとのことでした。

私はこれを聞いて、援助者の方は本当にプロなんだなと感動してしまいました。これ以降、私はオススメの面会交流機関を聞かれた際にはＦＰＩＣを紹介するようにしています。

◎ケース：6

夫の借金の保証人になっているが、離婚すれば保証人じゃなくなる？

《ご相談内容》

夫の事業上の借り入れにあたって、金融機関から配偶者だからという理由で連帯保証人になることを求められて、契約書にサインをしてしまいました。

離婚して配偶者でなくなれば、連帯保証人でもなくなるのでしょうか。

《回答》

保証人のままです。

でも、金融機関と交渉して連帯保証人の交替を要請してみてもいいかもしれません。

《解説》

金融機関との連帯保証契約の有効性は婚姻関係の継続に左右されるものではありません。そのため、「配偶者だから」という理由で連帯保証人になることを求められたような場合でも、一度連帯保証人になってしまえば、離婚したとしても連帯保証人でなくなることはありません。

とはいえ、最終的には契約書の記載次第なので、ひとまず契約書を確認してみてください。基本的には、「配偶者である限り連帯保証する」というような限定は契約書に書いてないと思います。しかし、稀に、何らかの限定を付してくれる親切な貸主もいるので、まずは契約書の確認をしてみることが大事です。

ただし、金融機関としては、支払いを確保できる保証人がいればいいのであって、元妻にこだわることはありません。そのため、夫側に連帯保証人になってくれる人を探してもらい、金融機関に対して「別の連帯保証人を用意するから連帯保証人から外してもらえないか」という交渉をしてみる余地は十分にあるだろうと思います。

保証人は基本的に主債務者が払わなくなった時に初めて前面に出てくるものなので、夫がきちんと払っている限りは特に支払いを請求されることなどもありません。そのため、連帯保証したこと自体を忘れてしまっているような場合や、どんな意味の書類か分からずにサインをしてしまっている場合もあります。実際に、離婚して十年が経過し、再婚して子どももできたという状況で、元夫が破産をして、連帯債務者となっていた元妻に債権者から請求がきた、という事案もありました。もちろん、そのような状態になってから連帯債務者の交替なんてできるはずはありません。このように、連帯保証人になっていないかは、離婚時、改めて確認し早めに手を打っておく必要があります。

◎ケース：7

夫に、家事をしないなら離婚すると言われています。離婚は認められるのでしょうか？

《ご相談内容》

私は専業主婦です。夫からは結婚したときに家庭に入ってほしいから仕事は辞めてくれと言われたので、仕事は辞めました。
その代わり、私が働いていた時に自身のお小遣いとして使っていた金額ぐらいは、自分の給料から使っていいよと言われたので、同じくらいの金額を引き続き使っていました。
子どもが大きくなるにしたがって、夫からは私の小遣いについての文句が出てきて、家事をろくにしない、自分の事ばかりにお金を使っている、育児をしない等と言われ、離婚するとも言われています。このままだと私は、離婚しなきゃいけないのでしょうか。専業主婦といってても自分のお金ぐらい認められてもいいと思います。

《回答》
離婚はできません。

《解説》
家事をしない、子育てをしないと言われていますが、これが多少の手抜きにとどまらず、一切何もしないといった状態、すなわち「悪意の遺棄」にあたるような場合でない限り、離婚はできません。
悪意の遺棄とは、離婚事由になるような、夫婦関係を破綻させるレベルのものをいうので、「親の介護で炊事、掃除、洗濯が満足にできない」「体質が虚弱で満足に家事をできない」などの正当な理由があるときはもちろん、「平日は家事をしていないが休日はしている」のように曲りなりにも家庭が成立している場合にも成立はしません。

以前、離婚の裁判で、離婚を求める夫側が、自宅の散らかった汚い写真を撮って証拠として提出し、「こんなに家が汚いんだ」「こんなに洗い物が放置してあるんだ」「これはまさに悪意の遺棄だ」と主張したことがありました。これに対し、裁判官は、「それで、あなたはそれを片付けたんですか?」と聞いていました。この裁判官の質問は、もっともですね。そもそも、家事は夫婦双方の義務であって、「専業主婦だから家事をやらなければいけない」という法律上のルールがあるわけではありません。妻がやらないなら、夫がやったっていいんです。

このように、多少家事に手を抜いたくらいで、離婚が認められることはまずないので、ご安心ください。

第五章
幸せな子連れ離婚のために
やるべきこと

離婚の際には、各種の手続も含め、話しておかなくてはならないこと、決めないといけないこと、やらなくてはならないことが沢山あります。あまりの量に、どこから手を付けたらいいのか分からず、途方に暮れ疲れ果て、結局何も決めないで終わってしまう、というような場合もあります。

しかし、後から決めても何も問題ないものもあれば、初めに決めておかなかったために後から大きな苦労を強いられてしまうものもあります。

そのため、第五章では、「これだけは決めておきたい八つのこと」と「絶対にやっておきたい三つのこと」を紹介したいと思います。

一・これだけは決めておきたい八つのこと

①親権

②養育費

③面会交流

④慰謝料
⑤財産分与
⑥自宅不動産
⑦祖父母との面会
⑧子の誕生日について

①親権

決めておくべきことの一つ目は「親権」です。そもそも未成年の子どもがいる場合には、親権者を決めないと法律上離婚ができません（民法七六六条一項）。そのため、絶対に決めておく必要があるものです。協議離婚の場合には離婚届に親権者を書く欄があり、調停、審判、訴訟など裁判所を通じて離婚する場合にもその手続きの中で親権について一緒に決めていくことになります。そこで結論が出ないと離婚はできないことになっているので、どうしても決めなくてはいけないものです。

親権がなくなっても親ではなくなるわけではないですし、逆に、親権を得た方の同居親は、積極的に面会交流を実施するなどして子と別居親の信頼関係を尊重することが大切です。

親権決定時の考慮要素

どうしても話合いで親権が決まらないときは、裁判所でこれを決めてもらうことになります。裁判所が親権を決定する際に、どんな事情を考慮するかという点について、法律上の明確な規定はありません。もっとも、①「父母の事情」として、それぞれの監護意欲、年齢、健康状態、時間的余裕、経済力、協力者の有無（祖父母など）、生活状況を、②「子の事情」として年齢、子の意思、心身の発育状況を、③「その他の事情」として継続性の原則、母性優先の原則、兄弟不可分の原則などを考慮するとされています。

母性優先の原則があるため、年齢が小さければ小さいほど母親に親権が認められる傾向にありますが、十歳ぐらいからは基本的に「子の意思」が優先されることが多いです。②子の事情の「心身の発育状況」とは、例えば病気がちで監護が必要な子の場合には、就業時間の短いお母さんに親権を定めた方が子の福祉にかなう、というような考慮をするために検討がされます。また、③その他の事情の「継続性の原則」とは、生活環境や監護者の継続性を大事にするもので、例えば転校のように子どもの生活環境が変わることはできるだけ避けるようにしよう、といった考え方です。「兄弟不可分の原則」というのは、兄弟がいる場合はできるだけ離さないようにしようという考え方です。

なお、①の中で挙げてはありますが、経済力は、さほど大きく影響するものではありません。夫側はよく「俺の方が経済力がある。お前は金もなくどうやって育てていくつもりなんだ」というようなことを言いますが、相手にお金があり、子どものためにお金を使うと言っているのであれば、標準額より多く、養育費を支払ってもらえばいいことです。

②養育費

決めておくべきことの二つ目は、「養育費」です。

これも、今後の子どもの生活のため、絶対に決めておかなくてはなりません。誤解の多いところですが、養育費は子どものための費用で、親の生活を保障するものでないことは注意をしてください。

養育費に親の生活費は含まれない

「別れても私の生活は保障してもらえるんでしょ」とか、「子育てしている分、自分はフルタイムで働けていないんだから、元夫側が生活保証をするのは当たり前」と思ってる人も、比較的多いです。

しかし、これは大きな間違いで、離婚前にもらえる、親と子どもの生活費である婚姻費用と異なり、離婚後にもらえる養育費は、子の生活費以外含まれていません。結婚した夫婦には「同居協力扶助義務」が発生するため、相手には自分と同等の生活をさせなければいけないし、相手の生活を扶助して協力していかなければいけません。その義務があるから、同じ生活ができるように相手の生活費も負担する義務があるのです。

他方、離婚すればこんな義務は無くなりただの他人になってしまい、生活の保障を求めることはできません。そのため、養育費は基本的に、それだけで子どもを育てていけるような金額とはならないため、離婚後の人生設計は注意が必要です。

ちなみに養育費の金額については、前述のとおり裁判所のホームページで養育費算定表が公開されており、裁判所での運用もこの金額がベースとなっています。そのため、話合いをする際には、これを参考にすると、スムーズかと思います。

必ず金額を決める

養育費の金額については、「基本は○万円のつもりだけど、その月の収入に応じて、沢山払えるときは多く払うよ。」といったようなことを言ってくる男性もいます。しかし、「払えるなら多く払ってほしい」という気持ちから「じゃあ『可能な限り支払う』って約束にして、金額はきちんと決めないでおこう。」などと言い「可能な限り支払う」との取り決めにすることは、絶対に避けてください。

金額の決まった金銭債権は、裁判所を通じて請求したり、強制執行することができますが、金額が決まっていないと、これを決める作業からしなくてはなりません。いざ払ってもらえなくなった時に調停を起こしても、裁判所は「可能な限り」の金額がいくらなのか分からないので、原則とおり双方の収入に応じて金額を決めようとして、給与明細等の所得関係書類の提出を求めてきます。

ここで父親側が素直に書類を提出してくれればいいですが、もし非協力的であった場合には、母親側にて父親側の収入を調べるなどしないといけません。他方、「月五万円」などと金額が明記されていれば、この五万円の合意があったことを前提に、裁判所は審理を進めてくれます。

上限が動く場合はありますが、その場合は「月五万円を払う。加えて、賞与等により余裕がある時にはこれとは別途支払いを行う。」というようなかたちで、必ず最低金額の明記をしておくようにしてください。

現実的に払える金額を決める

養育費は、できればできるだけ高い金額が欲しいものです。だからといって、父親側が、支払いを継続できないような高額な養育費を決めてしまうと、当然、途中で払えない月が出てきます。そして、一度不払いをすると、もうそのまま支払うのが嫌になってしまうパターンが多いです。強制執行をするにしても財産が分からないと難しいですし、子どもが二十歳（成人年齢）になるまで長期間真面目に払い続けてもらうことを最優先するならば、確実に支払ってもらえる額に設定するのが一番です。

また、多くの方が希望しますが、一括前払いは現実的には難しいです。

収入や子の年齢が変化したら

養育費は、基本的には双方の収入と子の年齢（十五歳以上か未満か）をベースに金額が決まります。そのため、双方の収入が大きく変化したり、子が幼い頃に養育費を決めたが十五歳を超え、学費等生活費がかさむようになった、といったような場合には、増額調停や減額調停を申立てることができます。

そのため、将来的な変更可能性を含んだうえで養育費を決める、ということでも大丈夫です。

しかし、増額は何かと嫌がられてなかなか話がまとまらないことが多いので、可能であれば、子の年齢に応じて、例えば十四歳までの金額と十五歳以上になった時の金額をあらかじめ決めておくなどできれば、ベストです。

③面会交流

決めておくべきことの三つ目は、「面会交流」です。

面会交流は子どもの心身の健全な発達のためには行った方がいいものです。親の愛情を感じて育つことは、子どもの成長の一番の栄養素です。父親を知らない子は、自分が父親になった時、自分の子どもにどう接すればいいか悩んでしまうかもしれないですし、母親に接したことを知らない子どもも同じでしょう。もちろん「今月は会えない」というような例外も生じるでしょうが、子に無理のない範囲できちんと実施ができるよう、必要事項を決めておきましょう。

面会交流については、多くの場合「面会交流を行うように双方務める」とか、「面会交流を行うこととする」というようなことだけ決めて、きちんと決めた気になってしまっています。しかし、これでは、実際にやろうとした際に、何もルールができておらず、何も決めていないのと同じです。

「子のため」と頭では分かっていても、できれば会わせたくないというのが多くの同居親の心理です。離婚し別居を始めてしまうと、なかなか協議に応じてもらえないことも多いです。そのため、もしも自分が別居親になるのであれば、離婚前にある程度まで具体的に決めておく必要があります。

頻度、場所（先方の自宅か？場所を指定するのか？自由に出かけて良いのか？）、時間（食事だけ？泊まりもいいの？）などはもちろん、日時の設定方法（毎月決まった日にする？面会時に次回の日時を決める？）、引渡し方法（どちらが出向くのか？）、面会交流機関を使用するのか、その費用はどちらが持つのかなども含めて、スムーズに実施ができるようきちんと決めておきましょう。

余談ですが、前章で紹介したFPICは、料金については基本的に半分づつの折半をお勧めしているようです。これは、費用を会いたいと言っている別居親の負担としてしまうと、同居親が「会わせてあげてる」という気持ちになってしまうことが多いようで、これが最終的には「私が嫌だと言ったら会わせないこともできるのよ」という勘違いにつながりかねないため、「双方が協力して実施する」ということを明確にするためにも、折半としているようです。

④慰謝料

決めておくべきことの四つ目は、「慰謝料」です。

慰謝料とは、心の傷を金銭に見積もり評価し、その傷を慰藉するお金を請求する、というものなので、基本的には、どれだけ傷ついたかが金額決定時の考慮要素になります。

これもなかなか話し合いがまとまりにくいところです。もちろん、離婚の原因を作った悪い方が払うもので、それは双方分かってはいるのですが、悪い方は悪い方で、「向こうにも原因がある」と思っていることがほとんどです。浮気したくせに「妻にも原因がある。全然、家で相手をしてくれないんだから、外に目が向いてしまってもしょうがない。あいつにも原因があるんだから自分は悪くない。」と言い出す人は、多くいます。このように、双方相手に原因があると思っている場合には、当然、話し合いはなかなかまとまりません。

浮気を例にとると、浮気をされた側は「自分の心の傷は五〇〇万でも足りない！」と思っていますし、特にメディアで芸能人夫婦の離婚の高額な慰謝料のニュースなどが取り沙汰されている昨今では、慰謝料として一〇〇〇万円以上を念頭に置いている人も少なくありません。他方、相手側は「いやいや、自分はそんなに悪くないだろう。」と思っているものでしょう。そのため、双方の主張する金額の開きが大きすぎ、自分たちだけでは全然話し合いがまとまらないのがほとんどだと思います。

では実際に裁判になったらどうなるのかというと、ほとんどの場合、あまり高額にはなりません。二〇〇~三〇〇万円もらえれば良い方ですし、場合によっては数十万円やそれ以下、ゼロという場合だってありえます。

芸能人の離婚ニュースで出てくるような、何千万円などといった金額は、絶対にないと思った方がいいでしょう（84ページのコラム「芸能人の慰謝料はなぜ高いのか」参照）。しかも、判決で支払いを命じてもらうまでには、尋問と言って、公開された法廷に立ち、夫婦生活などについて根掘り葉掘り聞かれるという過程を経なければなりません。さらに、判決を得ても任意に支払ってもらえるとは限らないうえ、和解をするにしても、多くの場合分割弁済を希望されます。

そのため、この程度の額のために、長い期間ねちねちガミガミやって嫌な思いをたくさんするくらいなら、あえて請求しないというもの一つの選択肢だと思います。だからといって泣き寝入りというわけではなく、その代わりに、養育費を少し高くしてもらったり、財産分与で配慮してもらう方が、ずっとハードルが低く、利益も大きくなることが多いのです。

裁判所に持ち込むと養育費は養育費、慰謝料は慰謝料となりますが、本人たちの話し合いの中だったら双方を関連させて自由に決めることができます。

夫側は、「自分は悪くないんだ。子どものためにはいくら払ってもいいが、お前のためには払いたくない」といったようなことを言ってくることもあります。もちろん、「子どものためならいくらでも払う」と言いながら、本心は子どものためにもあまり払いたくないと思っている場合もあるのですが、何はともあれ、「子どものためなら〜」などといって格好つけようとしているのであれば、それに乗ってみるのも一つの手です。慰謝料はいらない、とこちらが折れたような態度を見せると、意外とすんなり養育費の増額を認めてくれたりすることもあります。他方、養育費は月々の額に目を向けると微々たるものに見えるかもしれませんが、子どもがまだ小さい場合、長ければ二十年近く払われ続けるものです。

そのため、例えば月に一万円増額しただけでも、これが十五年分では一八〇万円、二十年分となると二四〇万円にもなります。しかも、養育費は、慰謝料と異なり、万が一払ってもらえず強制執行をする際に、差押えが可能な範囲や手続きの簡便さにおいて優遇されていますし（41ページコラム「養育費は給料から回収できる！」参照）、破産しても支払い義務が消えません。そうすると、一〇〇万円の慰謝料をもらうために長期間もめて嫌な思いをするよりは、慰謝料で妥協しておいて、その代わりに他を増やしてもらう、という方が、長期的にみるとプラスなのです。それに、今すぐもらうのも良いですが、子どもにお金のかかる時期にもらえる金額が多いのは助かります。

慰謝料は多くの場合分割払いになるので、実際に金額が決まり支払いが始まると例えば「毎月養育費を五万円、慰謝料を三万円の合計八万円が払われる」というようなかたちになります。そしてこれがしばらく続くと、細かい名目はあまり意識されなくなり、単に「相手から毎月八万円が払われている」といった意識になります。

あくまで私見ですが、こうやっていつか名目は意識されなくなるのですから、そうであれば、慰謝料という名目にそれほどこだわらずに、毎月もらうお金を増やした方がいいのではないかとも思います。

また、離婚原因が夫の不貞であった場合の慰謝料に限っていえば、男性は、相手の女性にも格好をつけたがることが多いです。そのため、癪ではありますが、すぐに相手女性へ慰謝料の請求をせず、相手の女性には何も口出ししないことを条件に入れつつ金額交渉を進めると、比較的高額なものでも応じてくれることがあります。

慰謝料は、払う側からすれば基本的に払いたくないものですし、未払いになる傾向も多くあるので、最低でも口約束ではなく書面を残すようにしましょう。また、書面上では、総額、支払方法（一括か分割か、分割の場合何回分割か）、支払期限は絶対に明記してください。

⑤財産分与

決めておくべきことの五つ目は、「財産分与」です。

インターネットなどで財産分与について検索すると、「扶養的側面や慰謝料的側面も持つ」

などといった記載がされています。そのため、慰謝料が発生するような事案ではたくさんの財産分与がもらえる、今後生活するに困らないだけの財産がもらえる、といった勘違いも多いです。しかし、財産分与は、夫婦の共同生活により築いた財産の清算という側面が強く、扶養的側面や慰謝料的側面が際立ってくることはほとんどありません。

基本的には、形式的に二分の一で分ける、というのが大原則です。夫側は「妻は専業主婦で、財産は全部自分が稼いだものだから、我が家では二分の一とならない。」と言う人も多いですが、主婦の家事労働は、金銭を稼がなくても労働になりますので、この二分の一の原則から外れることにはなりません。もっとも、結婚前から有していた財産や、相続などの婚姻生活とは全く無関係に取得した財産（これを「特有財産」といいます。）は、財産分与の対象にはなりません。

このようにして、財産分与の対象となる財産を確定させてから、それを半分にする、というあたりが話し合いのベースになってきます。

財産分与は、財産を洗い出し、この分割を決める手続なので、「そもそも財産状況が分からない」と言うような場合には、とても時間がかかってしまいます。他方、離婚してからも二年間は請求ができるものなので、「一刻も早く別れたい！」という場合には、離婚前でないと集められない資料をできるだけ先に集めて、その資料集めを終えた段階で先に離婚だけ済ませてしまうのも一つの選択肢です。

この「離婚前でないと集められない資料」とは、銀行の通帳や郵便物などが挙げられます。通帳に関しては、銀行名、支店名、口座番号を控えておくことはもちろんですが、可能なら記帳内容をデジカメなどで写真を撮っておいて欲しいくらいです。通帳を見るとお金の流れが出てきますし、副収入もわかります。配偶者の給料の明細書や源泉徴収書なども、おそらく家の中で保管されているでしょう。

他にも、カードの使用履歴等、家に郵送で届くものであれば、おそらく夫が確認後ゴミ箱へ無造作に捨てたりするのでしょうから、それだって見ることができます。これが、一度離婚し家を出てしまえば、家に無断で入ることすら問題になってきます。よく離婚後に「財産分与を請求したいが財産が分からない」という相談があるのですが、離婚後に財産を調べるのは本当に大変です。そのため、離婚について揉めていなかったとしても、離婚前に一度、弁護士へ相談をしていただくことをオススメします。

最後に最大の注意点ですが、財産分与請求には、離婚してから二年の期間制限がありま す。そして、二年は、本当にあっという間です。そのため、資料集めなどをしていたら二年が 経過してしまった、ということを避けるためにも、できれば、「可能な限りの資料集めを終え てから」離婚をするようにしてください。

⑥自宅不動産

決めておくべきことの六つ目は、「自宅不動産」をどうするかということです。

話し合いの方向性は、「賃貸」か「持ち家」かによっても大きく違います。例えば、賃貸であれば、全員引っ越すというのが一番わかりやすいですが、そのほかにも、そのまま妻子が住み、賃貸人を父から母へ変更するという選択肢や、合意ができれば、家賃は引き続き父親側が負担する、といったような選択肢もあるでしょう。

一番厄介なのが、持ち家で、しかもローンが残っている場合です。ローンが残っていても、自宅を売却し、売ったお金で残りのローンを完済できるのであれば、余ったお金を折半すれば解決です。しかし、オーバーローンで、両方とも住む気がないとなった場合は、売ってもマイナスだし、だからといって売らないとローンを払い続けることになるというどうにも手が付け辛い状態になってしまいます。

このような状況で裁判所の判断を仰ぐ場合には、オーバーローンによるマイナス分に、他の財産のプラス分で穴埋めするような考え方が取られることがあります。例えばオーバーローンで家の価格が一〇〇〇万円、ローンが一五〇〇万円残っていてる場合、マイナス分は五〇〇万円です。そして、この他にプラスの財産として預金が六〇〇万円があるだけだとすると、このうち五〇〇万円分がオーバーローンの穴埋めに充てられたようなかたちとなり、財産分与の対象となる財産の価値は一〇〇万円分だけになってしまいます。そのため、妻の取り分はこの二分の一である五〇万円のみです。

では、穴埋めできるプラスの財産が無い場合はどうなるかというと、本来的には、夫が返済義務を負うマイナスの財産も夫婦共同財産ですから、妻側へ、マイナス分の半分の負担が求められるようにも思います。しかし、現実には、妻側に、マイナス分の負担を求めるような審判はされないのが普通です。

夫名義の自宅を分割すると、本来は双方が二分の一ずつの持ち分を共有することになります。もっとも、妻側が自宅を取得しそのまま住み続けることを望む場合には、できれば夫が本来取得する二分の一の持ち分も、対価となる代償金を支払うことで譲ってもらっておいた方が、後々処分したいと思った時にも協議等の必要なく自由に処分ができるのでオススメです。

代償金を全額現金で用意するのが難しいような場合には、預貯金など不動産以外の財産を全て夫側が取得することにするなどの方法で金額調整をすることも多いです。取得した場合には、必ず速やかに名義変更の手続きを行いましょう。

また、この際にローンが残っていても、妻側に収入があるのであれば、思い切ってローンを組み直して妻側が支払いを行っていく、というのも一つの選択肢です。一人の力では難しいのであれば、実家の家族の協力を仰いでもよいでしょう。

妻側が住み続けることを希望するが、大きな所得がないためローンの組み直しもできず、また他の財産による代償金の調整もできないような場合には、所有者は夫のままとするしかありません。この場合、ローンを家賃みたいなものと考えて、奥さんが毎月ローンの負担をするというパターンもあります。また、夫側が従前とおりローンの負担をして、その分養育費として支払う金額を減らすという調整の仕方をすることもあります。

これは一見公平なようですが、ローンを返し終わった不動産は夫のものになるのですから、夫にとっては資産形成の側面もあります。そのため、夫は、本来払うべき養育費の支払いを、自己名義のローンへの返済で行うことができ、しかも、払った分だけ、自分の借金は減っていくことになるのです。このような不公平を調整するため、例えば「子の中学卒業までは妻が子と居住するが、中学卒業時には退去をする。その後の処分は夫に任せるが、ローンの負担はずっと夫がする」といった折衷案的な合意がされることもあります。

ご想像の通りでしょうが、不動産に関しては、本当によく揉めます。しかし、周りに何と思われるだろうといった世間体や、今の暮らしを落としたくないとの見栄などが原因で、現在の家に固執してしまっていることも多いです。

本来は、もらっている養育費と自分の収入の中で、家賃も含め生活のすべてをまかなう生活設計をするのが原則であり、まかなえなくなってしまうような高額な家には住むべきではありません。離婚すれば、少なくとも一人は家族が減るわけですから、本当にその家に住みたいのか、住まなくてはいけないのか、ただの世間体なのか、子どものためにはどうするのが一番いいのか、しっかりと考えてみるようにしてください。

⑦祖父母との面会

決めておくべきことの七つ目は、「祖父母との面会」についてです。

これは、決めることが必須とまでは言えないのですが、後になって、何かと争い、小競り合いが起きやすいところです。

例えば、離婚直後、面会交流をしようとしたときに、まだ初めての面会交流で双方手さぐり状態なのに、急に面会の場に祖父母がついてきたりします。そうとなると、同居親側も身構えてしまい「やはり会わせたくない」と言い出すなど、トラブルになりやすいのです。このように、不要な紛争を防ぐためにも、あらかじめきちんと決めておいた方が良いところです。

祖父母には、面会交流権はありません。しかし、祖父母側からは「会いたい」と言われることが多いです。面会交流に関して、子どもにとって、たくさんの大人に愛されているという実感を持つことがとても大事だと説明しましたが、この「たくさんの大人」には当然おじいちゃんおばあちゃんも含まれます。

「お母さんがいつもそばについているからあなたは寂しくないわね」と言い聞かせるよりも、周りにたくさんの大人がいて、いろんな人が自分のこと見てくれていると思わせてあげることのほうが、子どもにとってもずっといいのではないでしょうか。

そのため、特別な問題がない限り、祖父母にも会わせてあげたほうがいいと思います。

しかし、会わせるとなると、別居親が会う際についてくるのか、これとは別途機会を設けるのか、頻度はどうするのか、といったあたりは事前に決めておいた方がいいです。

特に、祖父母に関しては、悪気はないのでしょうが、孫可愛さに大量のプレゼントを贈り、「嬉しいでしょう。何でも買ってあげるよ。うちにおいで」等と言って子どもの気を引こうとしてしまうこともままあります。そのため、プレゼントは誕生日とクリスマスだけ、などと決めておくのもいいかもしれません。

⑧子の誕生日の取り扱い

決めておくべきことの八つ目は、「子の誕生日の取り扱い」についてです。

これも、決めることが必須とまでは言えないのですが、後になって、何かと争いの種になりやすいところであるため、決めておくか、少なくとも考え方についてすり合わせをしていくことをオススメします。

親は、双方ともに「誕生日は子どもと一緒に過ごせる」と期待しています。親権者として一緒にいる親は当然ですし、別居親も、誕生日に面会交流の日を設定しようとしたり、誕生日に会いたいから、その月は通常の面会交流とは別にもう一回設けてほしい、と求めてくる場合もあります。

さらに、ここでもやはりプレゼント問題が出てきて、プレゼントを贈ることはどこまでＯＫなのか、価格、量、祖父母からはどうなのか、といった点で認識の相違があり、トラブルになりがちです。

私の担当した事案を一つ紹介すると、そのご夫婦は、面会交流について月一回と決めたうえ、「誕生日のときにもちゃんと子どもに会わせてね。」「分かった。」というようなあいまいな約束をして離婚しており、その後、月一回の面会を問題なく実施してきていました。しかし、子の誕生日の月になり、「誕生日の月は会わせてくれると言ったんだから、そこはもう一回会わせてもらえるもんだと思っていた。」とか、「誕生日の月ぐらいはおじいちゃんおばあちゃんを連れて行ってもいいでしょ。」などと要求されてトラブルになってしまったことがありました。

深刻なケースはあまり見たことはないですが、あらかじめ決めておくことは大した労なくできますし、反対に揉めた後になってどうにかしようとするとなかなか厄介なものなので、注意が必要です。

話し合いのコツ

以上の八つ、特に最初の六つは、離婚前に必ず決めておく必要があります。そして、話し合いの際には、決めたい項目を先に提示してしまうのがいいでしょう。特に女性にありがちなのが、「これはどうするの、これはどう考えているの、これについてはどうしてくれるつもりなの、無責任なこと言うんじゃないわよ。」とまくし立ててしまうパターンです。

これを受けると、男性側もフラストレーションがたまっていき、最終的には「いちいちうるさいな。」と逆ギレされ、まとまる話し合いもまとまらなくなってしまいます。自分たちで決めようと思えば決められたはずのことなのに、わざわざ時間とお金をかけて調停や訴訟をするのも、ばかばかしいです。

そうなることを避けるためには、決めなくてはいけないこと、ここまで決めれば終わり、というゴールを意識してもらうため、先にチェックリストのようなものを提示してしまうことも有用です。

何より大切なのは、あくまでも冷静に言い争いにならないようにすることです。言い争いになってしまうと、双方態度を頑《かたく》なにしてしまい、決まるものも決まらず貰えるものももらえません。また、離婚後もわだかまりが残り、円満離婚とはなりません。

<チェックリスト>
～決めておくべき８つのこと～

項目	注意点	✓
①親権	親権者を決めたか？	
②養育費	額と支払日を 決めたか？	
③面会交流	頻度、場所など 具体的に決めたか？	
④慰謝料	総額、支払い方法、 支払日など決めたか？	
⑤財産分与	対象財産と分け方は 決めたか？	
⑥自宅不動産	ローンや家賃の負担に ついても決めたか？	
⑦祖父母との面会	面会交流時の参加を 認めるか？	
⑧子の誕生日について	どうするつもりか 少しでも話したか？	

二．絶対にやっておきたい三つのこと

①公正証書を作る
②生命保険の受取人を変える
③遺言を書く

①公正証書を作る

やっておきたいことの一つ目が「公正証書を作ること」です。

公正証書とは

公正証書とは、法務大臣が任命する公証人（元裁判官、元警察官、元法務局員、弁護士などを長年務めた人から選ばれる）が作成する公文書です。公証人は公証役場にいて公証役場は全国各地にあります。そのため、公正証書を作りたいときには、公証役場へ相談をすることにな

り、この手続きを弁護士へ依頼すると、この公証人とのやり取りや公正証書の案文の作成などを行ってくれます。

公正証書は、当事者同士で作成した書面と、離婚に際しての種々の合意が記載されたものという点では同じでも、記載内容に対する信用性の高さが大きく異なります。そのため、裁判ではとても大きな証拠となりますし、裁判をせずとも、その公正証書を債務名義として強制執行をすることもできます。

ある場合とない場合の違い

公正証書を作った場合と作らなかった場合に大きな違いが出るのは、何といっても、約束どおり支払いを行ってもらえなかったときです。

約束を紙に書くという点では、自分たちで作った一枚の紙でも公正証書でも変わりません。しかし、その約束を破られた際には、大きな違いが生じます。きちんと支払いを行ってもらえなかったとき、通常は強制執行をしようと考えると思いますが、強制執行するためには債務名義が必要です。

債務名義が何かというのは法律で決まっていて、確定判決や調停調書、審判書など、基本的に裁判所の中で作られた書面のみが債務名義となります。その中で、唯一裁判所を通さずに当事者だけで作れるものが、公正証書です。当然、約束を破られた後に作ろうとしても作れません。そのため、公正証書は先に作っておくべきです。

公正証書がない場合、強制執行をするためには、まずは調停や訴訟を経て債務名義を得る必要があります。

調停や訴訟は相当時間がかかり、申立てや訴訟提起をしてから、第一回目の期日を迎えるまでだけでも、二カ月弱を要し、第二回期日はその後一カ月以上先になってしまいます。

これに対して、公正証書は作ろうと思えば比較的短期間で作れます。細かく言えば、公証役場に予約して出向くなどの必要がありますが、一週間程度あれば作れます。このように、費用も時間も、裁判等に比べれば格段に節約できます。

作り方

公正証書は、弁護士に相談すれば作成までの手続きをすべてフォローしてくれますが、弁護士に依頼しなくても作れます。そのため、以下では、弁護士に依頼する場合の作成までの流れと、そうではなく、全部自分でする場合の作成までの流れを解説します。

弁護士に依頼した場合

まずは、①**相談**です。離婚にあたっての基本的な条件はなにか、養育費、慰謝料はいくら欲しいと希望しているのか、こちらの希望についてどこまで同意しているのか、何で揉めているのか、という点を伝え、方針を決めます。

そうすると、これを受けて弁護士が、相手方との②**交渉**を始めます。この場合、交渉の窓口は弁護士が行うので、ご本人が矢面に立つことはなく、何か聞かれても「弁護士と話して」と言えば切り抜けられるので、自分で交渉を行う場合に比べてだいぶ気は楽です。

このようにして交渉がまとまってくると、弁護士が③**案文**を作ります。案文では、離婚することはもちろん、養育費は月にいくらで何歳まで払う、支払日は月末、慰謝料はいくら、一括（又は分割）で払う」といった細かい部分まで条項を作ります。

条項案は、先方へ提示する前に確認ができるので、この段階で、他に挿入してほしい条項などがあれば要望し③**修正**してもらうことが可能です。この条項案の内容について相手方とおおよそ合意できたら、弁護士は案文を作ったうえで公証役場に連絡をして、こういう内容で双方まとまっているのでこれを公正証書のかたちにしてくださいとの依頼をし、作成日の予約を取ります。

依頼を受けると、公正役場はあらかじめ公正証書の案を作成し弁護士のところへ送ってくれるので、まず弁護士の方でこの案を確認し、問題がなければ、これを依頼者に見せて確認して、その内容で問題がないか最終チェックをしてもらいます。質問等は、この際に漏れなくしておくようにしましょう。

そして、問題がなければ、実際に**④公証役場に行き、作成をする**ことになります。

弁護士へ依頼する費用は、交渉から行うような場合には二〇万円からで、すでに条件がまとまっており公正証書を作るだけという段階であれば一〇万円からという価格設定が多いのではないかと思います。

また、この他に公正証書作成のためには実費がかかり、その金額は、目的物の価格や作成する公正証書のページ数にもよりますが、だいたい一〜二万円程度です。

メリットはとにかく楽であること、そして不備を防ぐことができるということです。公正証書でしてはいけない失敗は、「執行受諾文言」の入れ忘れです。さきほど、公正証書は債務名義になると言いましたが、それは「執行受諾文言」が記載されている場合のみです。「執行受諾文言」とは、「ここに書いてあることを履行しなかった場合、この公正証書をもとに強制執行されてもそれを認めます。文句を言いません。」という趣旨の記載です。この一言がないと、公正証書は債務名義にならず、ただの「公証人が作ってくれた高い証明力のある合意書」でしかなくなってしまうのです。そのため、執行受諾文言を入れるか入れないかで、公正証書の意味は天と地ほど変わってしまいます。

実際に払われなくなってから、「強制執行をしたいから執行受諾文言を入れて。」とお願いしても、当然入れてくれるはずはありませんので、裁判をするしかありません。

親切な公証人であれば「入っていないけどいいですか。」と聞いてくれます。でも、基本的に公証人はどっちの味方でもなくて、言われたことを忠実に作り、合意書を作るので、こちらへの肩入れを期待してはいけません。また、先に注意した「可能な限り支払う」といったような曖昧な表現も、公証人は言われればそのまま記載してしまう可能性があります。

なお、実際に強制執行をするためには、公正証書が相手に送達されている必要があります。送達は、公正証書を作成した際に、その場で相手に手渡しで渡してもらうことでも足ります。でも、後から送達をしようと思っても、相手が引っ越しをしていたりすれば、送達先も分からずやっかいなので、必ずその場で送達してもらうようにしましょう。

このように、作ったはいいけど使えないといった状態になることを防ぐためにも、弁護士に依頼することは有用です。

弁護士に依頼しない場合

弁護士へ依頼しない場合、まずは当事者同士で話合い、合意の条件を決める必要があります。公証人はこの話合いに際して助言したりはしてくれないので、交渉はすべて自力で行う必要があります。

そして、条件について話合いがまとまったら、公証役場へ行き、公証人へ、当事者間で決まった条件等を提示します。そうすると、公証人はこの条件をもとに形式面を整え公正証書案を作成してくれます。そして、これをチェックしたうえ、公証役場へ行き、作成を行うことになります。

費用は、目的物の価格や作成する公正証書のページ数により、一～二万円程度の実費がかかるのみです。

公証役場は全国にありますので、最寄りの公証役場を探してみてください。

②生命保険の受取人を変更する

やっておくべきことの二つ目は「生命保険の受取人を変えること」です。

生命保険の受取人は、多くの場合、配偶者になっています。離婚協議中でも、相手が離婚の原因である有責配偶者でも、保険金は保険契約で決められた相手方の配偶者に支払われてしまいます。もしものことは誰にでも起こりえます。しかし、多くの場合、保険に入ったのがずいぶん前だったりして、受取人が相手になっているなんて忘れてしまっています。

そのため、離婚協議に入ったら、まず「生命保険の受取人変更！」と思い出し、できるだけ早く変更をしてください。

③遺言を書く

やっておくべきことの三つ目は、「遺言（いごん）を書くこと」です。

遺言と言うと、どうしても「死ぬときに使うもの」というイメージを持ってしまいます。そして、離婚するときは比較的歳をとってないことも多く、「まだ先のこと」と思ってしまいがちです。しかし、どんな時に何があるかは分かりません。

また、遺言は書き直しが何回でもできますし、書き直しにより遺言が複数ある場合には、その日付の最新のものが効力を有することになります。そのため、とりあえず書いておくようにしましょう。

自分が再婚して新たに子を設けた場合、自分にもしものことがあったら、子どもたちは会ったこともない異父兄弟と交渉をすることになるかもしれません。親権者である自分が亡くなれば、新しい親権者は元夫になってしまうかもしれません。

必要になったら書けばいいと思っていても、日常生活の喧騒の中でついつい後回しになってしまいがちです。万が一の時に、子どもが不要なトラブルに巻き込まれないようにするためにも、早めに清算をしておくことが大事です。

また、「自分には財産がないから遺言は必要ない」と考えている人もいます。しかし、銀行の預金は、たとえ口座残高が一〇〇〇円程度の口座であっても、解約するためには、遺言がない場合には、相続人全員の押印が必要です。もちろん、残高一〇〇〇円くらいの口座の処遇で揉めることはほとんど無いのでしょうが、会ったこともない兄弟、会ったこともない親の再婚相手とですから、話し合いの機会を持つということだけでも、子どもにとってはかなりの苦痛だと思います。〝揉めるかどうか〟ではなく、〝話し合いの機会を持たないで済むように〟という観点から、できるだけすっきり手続きができるように遺言を書いて清算の準備をしておくということも、子どもに対する責任の一つだと思います。そのため、財産が無いから不要と考えるのではなく、離婚をしたら、必ず作ることを考えてください。

さらに、親権者が亡くなった場合、残された未成年者については、元配偶者が新たな親権者になることも多いです。もしこれを避け、祖父母や兄姉に子どものことは任せたいと思っている場合には、遺言で未成年後見人の指定をしておくことが大事です。

なお、遺言は、自筆で作成する「自筆証書遺言」については、日付がなければいけないとか、誤記の書き直しの方法まで、いろいろ細かく条件が決まっており、条件を満たさないと無効になってしまうこともあります。そのため、自筆証書遺言を作成する場合には、本などを見て確認したり、場合によっては弁護士に確認するなどして作成するようにしてください。もし、そんな余裕がないような場合や、揉めそうな場合には、公正証書遺言の方が良いかもしれません。

<やっておくことチェックリスト>

項目	備考	✓
①公正証書作成	執行受諾文書を入れたか？ 送達はしたか？	
②保険の受取人変更	とにかくすぐに行う！	
③遺言作成	未成年後見人の指定はしたか？	

第六章

どうしても相手が非協力的だったら

ここまでは、円満離婚を勧めて、離婚する前にはこういうことを話し合って決めましょうということをずっと紹介してきていましたが、中にはどうしても非協力的な相手もいますし、円満に離婚できないときだってあります。そのため、本章では、そんなときのためにどんな手続きが用意されているのか、「条件を決められなかったとき」と「約束を守ってもらえなかったとき」に分けて、解説をしたいと思います。

一．条件を決められなかったとき

話合いを重ねても同意に至ることができず、条件を決められなかったときには、裁判所での解決を図ることになります。

裁判所での手続きは、何を決めるのかによってそれぞれ手続きが少しずつ違ってくるので、決めたいもの毎に分けて、順番に解説していこうと思います。

①養育費・婚姻費用

養育費や婚姻費用については、まず調停で話合いによる解決が試みられますが、話合いがまとまらなければ、審判で裁判官が決定をすることになります。

調停の申し立てをすると、調停期日が決められ、この日に双方裁判所へ行って養育費等について、払う気があるのか、いくらが妥当と考えているのか、といったような話をすることになります。期日では「次回までにこの資料を用意しましょう。」「次回までにこの点について考えてきましょう。」といったように次回期日までの宿題が出されます。期日は約一か月に一回のペースで複数回行い、その中で合意を目指して話合いを進めていきます。

裁判所での解決となると、基本的には裁判所が使用している養育費算定表で算出される金額をベースに話合いが進められます。そしてこの算定表は、双方の収入額を根拠に養育費の適正額を算出するものであるため、調停の中で、裁判所は双方へ収入に関する資料の提出を求めてきます。

これまで収入を教えたがらなかった相手でも、さすがに裁判所から言われれば出すことが多いです。そして、双方の収入が明らかになり、無事に双方納得のいく金額で合意ができた場合には、そこで調停が成立となり、調停調書が作成されます。

しかし、金額面等で双方折り合いがつかない場合には、調停は「不調」となり、審判の手続に移行します。審判では、裁判所に提出された証拠や当事者の言い分を元に、裁判所が適正と思われる金額を判断します。

この判断の際に、裁判官は、提出された証拠はもちろんのこと、「提出可能な証拠が提出されていない」という事情にも目を向けます。そのため、給与明細や源泉徴収票などの、提出ができるはずの証拠の提出を頑なに拒否していると、「何か出せない事情があるのか」との心証を持つことがあります。

なお、相手が収入について無言を貫いている場合には、こちら側で「相手の収入はいくらくらいだ」ということを言う必要があります。収入が全く不明な場合には、支出からその人の収入を推認するという方法がとられます。そして、もともと一緒に暮らしていた元妻などの場合には、相手の生活状況、支出状況について、「毎月カードの使用額はこのくらいだった」「家賃や住宅ローンはいくらくらい払っている」「こんな買い物をしている」などある程度具体的な事情が分かります。そのため、このような具体的な事情から推認した収入金額であれば、裁判所においても、比較的信用性の高いものとして見てもらえる可能性があります。

このように、裁判所に持っていきさえすれば、相手が全く非協力的であったとしても、「何も決まらず何も進まない」と言うことは基本的にはありません。

夫側の立場からしても、調停に際し収入に関する資料を出し渋るのはあまり得策ではありません。

調停自体が長引いてしまうのはもちろんですし、もしも相手が実際の自分の収入よりも高い金額を主張していたとしても、こちらが何も資料を出さずに「そんなに高収入じゃない」と言っているだけでは信じてもらえず、結局実際より高額な収入が認定され、本来支払うべきものよりも高額な養育費の支払いが命じられてしまう可能性があります。

収入に関する資料が出てきたら、あとは裁判所が作った養育費算定表の金額に依拠していくことになります。

もちろん、常に画一的に養育費算定表に基づいた判断がされるというわけではなく、何か「特別な事情」がある場合には、きちんと考慮されます。この「特別な事情」とは、例えば再婚している場合であるとか、二人の間の子以外にも、養育する子がいる場合、父親が家賃やローンを払っている家に母と子が住んでおり母親側に家賃の負担がない場合、あまりに収入が多い場合などがあたります。養育費算定表は、基本的には収入が二〇〇〇万円までの人を前提に作成されているので、これを越える場合には、別途計算をする必要があります。

養育費と婚姻費用については、払われない状態になった場合には、少しでも早く調停を申立てましょう。なぜなら、早く申立てた分だけ、沢山払ってもらえる可能性が高いからです。養育費等の支払いの始期については「裁判所の合理的な裁量によって決すべき」とされています。もっとも実務上は、「支払いの請求をした時」とすることが多く、「請求した」ということが誰の目から見ても明らかになった調停等の申立時を、「請求をしたとき」と認定し、支払の始期と決められることが多いです。そして、これ以上前の時期に未払いがあったとしても、遡って支払うよう命じてもらえることはありません。

そのため、申立日が一か月早ければ、一か月分多い養育費を支払ってもらえ、反対に一か月遅くなれば、申立てをする前だった一か月分の養育費はもらえない、ということになってしまうのです。

さらにいえば、同業者の悪口のようになってしまい恐縮ですが、「老獪な悪徳弁護士」であれば「払うそぶり見せて調停申立てまでを長引かせれば、請求は遡らないので、時間稼いだ方が得ですよ」というような助言することもあるでしょう。そのため、「どうしよう」と躊躇するより、とにかく早く申し立てることが重要です。

なお、「請求をしたとき」は調停等の申立て時とされることが多いですが、内容証明郵便等を用いて正式に請求していた場合には、この内容証明郵便送付時をもって「請求をしたとき」と認定してもらえることもあります。しかし、例はあまり多くないので、やはり早めに調停申立てを行ってしまうことをオススメします。

②面会交流

面会交流についても、養育費等と同様、はじめに調停で話合いによる解決が試みられ、これがまとまらなかった場合には不調となり、審判へ移行する、という流れで手続きが進んでいきます。

面会交流に関する裁判所の判断は、たとえ同居している親が面会させるのを嫌がったとしても、基本的には面会交流を実施するという内容の審判になることが多いです。とはいえ、別居親が、子に対して不適切な発言をするとか、暴力的なそぶりを見せるなど、面会の実施が不適切な場合もあります。

そのため、面会実施前には、調査官が双方の親と子どもの意見を個別に聞き、面会実施の適否について裁判官に対して意見を述べることになっており、裁判官は、この意見を聞いたうえで面接実施の可否を判断します。また、調査官は、裁判所内での試行面接を行う場合には面会にも付添い、面会時の親子の様子や、今後の面会継続が可能か否かについて裁判官へ報告をします。

そのため、この試行面接の際に別居親が変なことをすれば、面会交流の実施を命じる決定はされない方向に働きます。

面会交流調停が申立てられると、期日が決められ裁判所へ呼び出され、双方交替で調停委員及び調査官らと話合いをします。期日は約一か月に一回のペースで何回か続き、そのうち一回は子どもも連れてきて子どもと調査官に話しをさせる期日があります。試行面接を行う場合、実施は、子と調査官が話す機会がもたれた後になります。

③財産分与

財産分与についても、養育費や面会交流と同様、はじめに調停で話合いによる解決が試みられ、これがまとまらなかった場合には不調となり、審判へ移行する、という流れで手続きが進んでいきます。

１３４ページでも記載したとおり、収入のない専業主婦でも、家事は労働とみなされるため、基本的に双方二分の一ずつで分割されます。このように、割合については比較的すぐ決まるのですが、この前提となる、財産内容を明らかにする作業には非常に時間がかかります。そのため、財産分与に関する問題を裁判所に持ち込む際には、長丁場になるという覚悟が必要です。

中には、裁判所に持っていけば相手の財産が全部分かる、裁判所が警察みたいに財産を調べてくれる、というイメージを持っている人も多いです。しかし、裁判所は提出された証拠等をもとに判断をするだけであって、調べてくれません。財産を調べる作業は基本的に本人たちの努力で行わなくてはなりません。

また、裁判所へ調査嘱託を申立てると、裁判所が、銀行等の団体に対し、当事者の口座がないかといった口座の調査を嘱託してくれ、これによって隠されていた財産が明らかになる場合もあります。しかし、銀行への調査嘱託を申立てる場合には、銀行名のみならず支店名まで指定したうえで行うことが求められており、「どの銀行の何支店に口座を持っていそうか」という調査は自分たちの努力で行わなくてはなりません。

このように、後から財産調査に苦労することのないよう、日ごろから双方ともに財産状況は明らかにしておいた方がいいでしょう。

また、財産分与請求は、離婚してから二年以内にしなくてはならないので注意が必要です

（民法七六八条二項）。

④慰謝料

慰謝料についても、調停で話し合うという手続きが無いわけではありません。特に離婚前であれば、離婚調停の中で一緒に話合いがなされることも多いです。しかし、話合いの目がなければ、すぐに訴訟を提起してしまってもいいと思います。

例えば相手の不貞について慰謝料を請求する際、不貞を立証するための証拠が揃ってない場合だと、まずは調停の話合いで相手の出方を見たり、そこで言質を取ろうとしてみるという方法も選択肢の一つです。また、離婚前で、相手が離婚を望んでいるような場合には、離婚調停の中で慰謝料について話し合えば、離婚の条件として比較的高額な慰謝料の支払いをに応じてくれるケースもあります。

しかし、離婚後の慰謝料請求の場合には、素直に払ってくれることは期待できないので、基本的にはすぐに訴訟を提起する方針でよいでしょう。

二．約束を守ってもらえなかったとき

「条件は決めたがその条件の約束を守ってもらえなかったとき」にどうするかは、養育費や慰謝料といった「財産的請求」の場合と、そうではない「面会交流の請求」の場合とで大きく異なります。

①財産的請求

財産的請求について、約束を守ってもらえなかった場合に検討すべきは、強制執行です。強制執行を行うためには、債務名義が不可欠で、民事執行法二二条で列挙されている確定判決・仮執行宣言付き判決・仮執行宣言付き支払督促や既述の執行受諾文言付き公正証書等のみが、債務名義にあたります。

そのため、債務名義を持っていない場合には、調停申立や訴訟提起などを経て債務名義を獲得する必要があります。他方、すでに債務名義を持っていれば、次は「何を差押えるか」を検討することになります。

差押さえの対象となる財産の調査は、自分で行わなければなりません。一般的に差押える財産といえば、給料、預貯金、不動産が挙げられます。勤務先は、元配偶者であれば把握している場合も多いでしょう。勤務先さえわかれば、あとはその勤務先を第三債務者として給料を差押えれば、元夫に本来支払われるべき給与の一部を、自身に対して払ってもらうようにしていくことが可能です。離婚後に転職をされてしまう可能性もあるので、離婚前には、転職しても勤務先については教えてもらえるように約束しておきましょう。就職先がどうしても分からなければ、勤務先の調査を探偵や調査会社に頼むという方法もあります。

他方、預貯金については、銀行によっては差押える際に銀行名のみならず、支店名まで特定する必要があり、また、差押えたところで口座の中はほとんど空っぽという可能性もあります。とはいえ、一般の方が銀行に行き「あの人の口座があるか、残高がいくらあるか教えてください。」と言っても、もちろん教えてくれませんので、調べるのはなかなか困難です。こんなときにとても便利なのが、「弁護士会照会」という制度です。「弁護士会照会」とは、弁護士会がその情報収集の必要性と相当性を認めた場合、弁護士会から銀行等の団体に対し、一定の情報について照会を行ってくれる制度です。

判例上、弁護士会照会には応じる義務があるとされており、照会を受けた側は、これに回答する義務があるとされています。また、照会に応じなかったことにより照会を請求した依頼者に損害が出た場合には、一部賠償を命じた裁判例もあります。そのため、最近では、多くの会社が回答に応じるようになっています。金融機関へ弁護士会照会をすると、当該銀行で口座の有無、口座残高、場合によっては取引履歴も知ることができます。

また、携帯電話の番号がわかっていれば、携帯電話会社（Docomo、au、ソフトバンクなど）に対し、契約者の住所や郵便物送付先、使用料の引落口座等について弁護士会照会をかけることができます。携帯電話使用料の引落口座にお金が全く入ってないということはまずないので、この方法によれば、ある程度まとまったお金が入っている口座を見つけることができる可能性が高いです。

このように手を尽くしても財産がない、財産が見つからない、という場合には、やはり債務名義は絵に描いた餅になってしまいます。そうならないためにも、離婚前であっても日頃から夫の財産にについては知っておくことが大切です。

②面会交流請求

面会交流請求については、①の財産的な請求をする場合とは、強制執行の方法も大きく違ってきます。

面会交流を強制的に行うというと、どうしても「子どもを無理やり連れてきて会わせる」ということをイメージしがちです。このような方法を「直接強制」と言うのですが、面会交流においては直接強制は基本的にできない（例外については190ページのコラムを参照）と考えられています。子どもは大人の意思で自由に運べる物ではないですし、子どもにも人権があります。また、自分が無理やり連れていかれるということは、子どもにとっても衝撃的なものです。それに、面会交流は何度も継続的に行われるものなので、そのたびに無理やり連れていって、また返されて、ということを繰り返すのは、子の福祉という観点上不適切と考えられているのです。

では、どのような方法で履行を強制していくかというと、はじめに「履行勧告」という方法が採られます。これは、裁判所が電話や書面で相手に対して面会交流の履行を勧告するというものです。法的な強制力や罰則はなく、あくまでも「促す」のみになりますが、裁判所に言われればきちんと履行をしてくれる人もいます。

しかし、それでも面会交流を実施してもらえなかった場合には、「間接強制」という方法が採られます。これは、面会交流を拒否した場合に対して罰金を設けて、心理的に、「お金を払うのが嫌だから会わせる」という方向に向かわせようとするものです。とはいえ、あくまで「罰金の支払い」という不利益を課すことで相手が「会わせよう」と思ってくれることを期待するというものなので、その名のとおり効果は間接的なものにとどまります。

この罰金の額は、面会交流の拒否一回につき、養育費や婚姻費用の月額負担額相当になることが多いようです。しかし、当然これを任意に支払わない人もいますし、そうなれば、さきほど説明した「財産的請求についての強制執行」と同じように強制執行を行い、回収をしていくことになります。

このように、面会交流は強制的に行うことがとても難しいです。そのため、何が何でも会わせない！　と意地になられてしまうとなかなか辛く、確実な面会を希望するのであれば可能な限り円満な関係にしておくことが望ましいです。

●コラム

子の引渡しの直接強制

さきほど、「直接強制」、すなわち文字通り子どもを無理やり連れてくることはできないとお話ししました。しかし、これが一切認められないのかというと、そうでもありません。

従来は、直接強制はできないというのが裁判所の基本的な考えで、これが認められた例はほとんどありませんでした。しかし、最近では、十歳以下の子どもであれば、認められる可能性が出てきています。特に、子どもの年齢が低ければ低いほど、認められやすいです。これは、子どもが「自分の周りで何か大変なことが起きている」ということを認識できないほどに小さな頃であれば、本人の認識をさほど気にせずに連れてきてしまってもいいのではないか、こうして少し無理矢理でもきちんと会わせてあげた方が、子の福祉にかなうのではないか、という考え方にシフトしてきたためです。

ただやはり、実施された例は少なくて、平成二十三年に最高裁判所が調査した結果によると、平成二十二年に直接強制が認められた例は、全国でわずか一二〇件だけで、しかもこのうち成功して無事に面会ができたのは五八件のみでした。残りの六二件、すなわち「失敗」してしまった場合がどのような時かと言うと、例えば、子どもを親が抱っこしてるところで、親を羽交い絞めにして子どもを奪い取るということはできません。そのため、親が、何が何でも手元から子を離さなければ、あきらめざるを得ず、「失敗」に終わってしまいます。この他に、子どもが自らの真摯な意思で拒否すれば、執行不能となってしまいます。子が「行きたくない」と言ったとき、どの程度の年齢から「真摯な意思」と認めるかというと、十五歳頃からであればほぼ確実でしょうし、おおむね十歳以上であれば、本人の意思が真摯なものとして認められる傾向にあります。

非常に微妙な事案として、子の引渡し審判に対する抗告事件で、強制執行に向かった執行官が九歳と五歳の子を連れて来ず「執行不能」と判断したことについて、そのような措置は正当であったと認めたケースがありました（東京高裁平成二十四年六月六日判決）。もう少し具体的に説明すると、執行官は、五歳と九歳の男の子の面会交流の直接強制のため、二人の元へ向かいました。

子どもは九歳の長男と五歳の次男です。九歳なので、さきほど挙げた「真摯な意思」がおおむね認められる十歳には満たないのですが、子どもの成長具合には個人差があるので、まさにギリギリの年齢といえるでしょう。この九歳の長男が「帰りたくない」と言い、執行官は九歳の長男とじっくり話した結果、子の意向は真摯なものだと認め九歳の長男を連れて帰らないことにしました。

他方、五歳の子の方は、もしも「帰りたくない」と言ったとしても、まだ「真摯な意思」は認められない年齢です。しかし、この五歳の次男については、「真摯な意思がある」という理由とは別の、「長男と引き離すのは不当だ」との理由から、直接強制は執行不能であると判断し、二人とも連れて帰りませんでした。同居親の必死の妨害にあったからではなく、また、五歳の子については「帰りたくない」と言ったわけでもないのに連れて帰ってこなかったのですから、当然別居親は納得がいかずに高等裁判所へ抗告をしました。

しかし、九歳の子については真摯な意思が認められること、五歳の子については長男と引き離すべきではないとの理由から、最終的に東京高等裁判所は執行官の措置を相当なものと判断しました。

確かに、兄弟は離すべきではないし、急に離ればなれにされた兄弟の心の動揺を考えれば、執行官の判断は正当なものだったのかもしれません。しかし、会うのを楽しみにしていた親とすれば、素直には納得しがたい微妙な事案ですね。

さいごに

相手が非協力的な場合には、今まで説明してきたような手続きを利用し、裁判所の手を借りて解決を図ることになります。

しかし、裁判所での手続きは煩雑なものも多く、自分ではうまくいかないことが多いです。交渉力という面ではもちろんですが、手続の難解さという点では、「子の引渡し」も「財産の調査」も、自分だけではなかなか思った通りの結果を得ることができないかもしれません。

結局、絵に描いた餅になってしまったり、後から「あのときもっと上手くやっていれば」と後悔してしまう可能性もあります。そうならないためにも、早めに一度、弁護士へ相談をしてみて下さい。

相談に行ってみて、「やはり自分でもできそうだ」と思えば依頼をしないという選択肢もありますし、実際に自分で手続きを進めてやっぱり難しそうであれば再度依頼を検討する、ということでも問題ありません。

しかし、「大丈夫そうかどうか」の判断を、自分だけで正確に行うことは難しいと思います。自分で変な方向に進めてしまい、手遅れになってから相談をされたのでは、弁護士も困ってしまいますし、力になりたくてもできないことが増えてしまいます。

司法系の職は様々ですが、やはり紛争解決ができるのは弁護士しかいません。まず、相談すること、それを本当に強くお勧めします。

最後に繰り返しですが、このようにならないためにも、相手の協力が得られるように円満に離婚することが大切だろうと思います。

この本を読んだ一人でも多くのお母さんが、子どもの笑顔を守る、そして経済的にも辛い結果になりにくい、円満離婚を選択してくれることを願います。

あとがきに代えて　～弁護士に相談をするタイミング

武内　優宏

これまでお話してきたとおり、円満に離婚ができないと子どもが成長する過程で別居親の協力が得られにくくなってしまうなどの問題が生じてしまう可能性も増えてきます。

また、協議離婚が成立せずに、離婚調停や離婚訴訟になってしまいますと、時間もかかってしまいますし、余計にお金もかかってしまいます。

まずは、当事者の話合いによって円満に離婚をすることがいちばんです。

〈弁護士へ相談する時期〉

ただ、離婚を考えた場合、一度、弁護士に相談をしてみることを強くオススメいたします。

円満な離婚のために障害になる大きな理由は、相手の浮気や暴力など離婚せざるを得ない状況になってしまったことへの怒りや戸惑い、そして、今後の生活への不安などから、頭が整理できない状況になってしまい、冷静な話合いができなくなってしまうことです。

弁護士に相談にいけば、離婚をするに際して決めておかなければいけないことや離婚をするに際して準備しておいた方がよいことを冷静にアドバイスしてくれます。離婚後の生活立て直しについてもアドバイスをもらえることが多いです。

弁護士のアドバイスによって、頭が整理されれば、冷静な話合いの糸口になる可能性もあります。

また、いくら自分は円満な離婚を希望していても、相手方が合理的な話合いに応じてくれず、残念ながら紛争になってしまうケースもあります。

別居中の婚姻費用が満足に支払われない、離婚の養育費を払ってもらえない、財産分与すべき財産を隠されてしまい開示してもらえないなど様々な紛争が生じえます。離婚が紛争になってしまった場合、事案によっては、自身や子どもたちの今後の生活を守るために徹底的に争っていかなければいけないこともあります。

紛争になった場合、事前に対策ができているとできていないとでは、結果が大きく異なってきます。本文にも書きましたが、離婚調停中に亡くなってしまい、生命保険金が離婚調停中の配偶者が受け取ってしまった場合など、目も当てられない事態になってしまいます。

紛争になってしまった場合に自身や子どもの生活を守るためにも、離婚を考えた際には、将来紛争になっても大丈夫なように、事前の準備をしておくことも重要になります。

弁護士に相談をすれば、将来の紛争に備えた準備についてもアドバイスをもらうことができます。最近は初回の相談は無料という法律事務所も多いですし、相談料だけであれば、弁護士費用もさほど高額にならないことが通常です。

離婚を考えた場合には、お気軽にお近くの弁護士にご相談してみてください。

〈DVなどで当事者間の話合いが困難な場合〉

できる限り話合いで解決した方がよいと言っても、離婚をお考えのケースの中には、配偶者による苛烈なDVによって、当事者間では話合いができないということもあります。

現にDV被害に合っている場合、被害配偶者は精神的に抑圧されてしまい、正常な判断ができないというある種のマインドコントロール下に置かれてしまっていることも多いのです。そのような場合には、まずは冷静に考えられる環境を整えるために、また自身の命を守るために、DV加害者の下を離れるということが必要になってきます。

苛烈なDV被害に合っているという場合、どのようにして加害配偶者のもとから安全に別居を開始するか、別居後も付きまとわれてしまった場合に、どのように被害を防ぐかについて弁護士に相談をしてください。冷静な話合いのためにも、また更なる被害を防ぐためにも、できれば離婚交渉の最初から弁護士を代理人に立ててしまった方がよいです。

万が一、別居後も被害が続く可能性が高い場合、DV防止法（配偶者からの暴力の防止及び保護等に関する法律）やストーカー等規制法に基づく保護命令、禁止命令などを求めるということもしています。

〈揉めてしまった場合〉

いくら円満に離婚することを目指していても揉めてしまうこともあります。

万が一でも、揉めてしまった場合は、できるだけ早く弁護士に依頼することをお勧めいたします。離婚は身近な問題だからか、離婚調停をご自身でやられているという方も多いです。

離婚調停（夫婦関係調整調停事件）において、申立人、相手方いずれかに弁護士が関与した割合は、四三．九％となっています（弁護士白書二〇一六年）。

年々離婚調停で弁護士を依頼する率は高くなってきているのですが、現在でも半数以上の案件で弁護士が関与していません。また、これは、どちらかの当事者に弁護士が関与した割合ですので、当事者の一方だけに弁護士が関与している割合は、もっと多くなります。

しかしながら、離婚は、法律的な問題ですので、法律的な知識がないと最適な解決を図ることはできません。また、ご自身が伝えたいことと調停委員が聞きたいことは異なりますので、法的なポイントを上手く調停委員に伝えることができず、それが原因で調停が長期化してしまうこともあります。

残念なことですが、調停委員が話合いをまとめようとするあまり、説得しやすそうな当事者を強く説得をして、納得がいかないままに押し切られてしまうという話も耳にします。

その点、弁護士を依頼すれば、調停委員に伝えるべきこととそうでないことをきちんと整理してくれますし、依頼者にとって有利になる解決を模索してくれます。何よりも、離婚に至った経緯を自身の口で調停委員に伝えるということは、相当な精神的負担になります。それが、なくなるだけでも気持ちが楽になると仰る方も多いのです。

当事者間の話合いで解決ができず、調停になる場合には、自身をそして子どもたちを守るためにも弁護士に依頼するのがよいのではないでしょうか。

最後に、弁護士費用の相場ですが、日本弁護士連合会が発行している『市民のための弁護士報酬ガイド』によりますが、離婚調停の着手金（弁護士に依頼をする際に支払う報酬）が二〇万円～三〇万円、成功報酬（依頼が解決した際に支払う報酬）が二〇万円～三〇万円となっております。

また、収入に乏しい方は、法テラス（日本司法支援センター）という団体が、弁護士費用を立て替えてくれるという制度（民事法律扶助）もあります。

弁護士は敷居が高いと思われがちではありますが、子どもの幸せを守るための一つの方法として、お近くの弁護士にもお気軽にご相談をしてみてください。

■著者
白井可菜子（弁護士）
2009 年 3 月　明治大学法学部法律学科 卒業
2012 年 3 月　明治大学法科大学院 卒業
2012 年 11 月　最高裁判所司法研修所 入所
2013 年 12 月　最高裁判所司法研修所 修了（新 66 期）
2014 年 1 月　法律事務所アルシエン 入所
以降、離婚分野に力を入れ、多数の案件を取り扱う

■監修
武内優宏（法律事務所アルシエン　弁護士）
2002 年 3 月　早稲田大学政治経済学部政治学科 卒業
2006 年 4 月　最高裁判所司法研修所 入所
2007 年 9 月　最高裁判所司法研修所 修了（旧 60 期）
2007 年 9 月　小笠原六川国際総合法律事務所 入所
2011 年 1 月　同所を退所し、法律事務所アルシエン開設
2011 年～（一社）終活カウンセラー協会　監修・講師
2011 年～（公財）東京都中小企業振興公社　法務研修講師
2011 年～ 2013 年　東京弁護士会　高齢者・障害者の権利に関する特別委員会委員
2014 年～　東京弁護士会　非弁護士取締委員会委員

弁護士が語る我が子の笑顔を守る 離婚マニュアル

■発行日　平成 30 年 3 月 7 日（第 1 刷発行）
■発行人　漆原亮太
■編集人　永井由紀子
■カバーデザイン・DTP　山口英雄デザイン室
■カバーイラスト：　さとこ / PIXTA(ピクスタ)
■発行所　啓文社書房
〒 160-0022 東京都新宿区新宿 1-29-14　パレドール新宿 202
電話　03-6709-8872
■発売所　啓文社
■印刷・製本　株式会社　光邦

ISBN 978-4-89992-025-0　Printed in Japan　http://www.kei-bunsha.co.jp